山右叢書　　山右歷史文化研究院　編

姓解

[宋]邵思　撰　　侯立睿　點校

上海古籍出版社

圖書在版編目(CIP)數據

姓解 /（宋）邵思撰;侯立睿點校. —上海：上海古籍出版社，2018.6

（山右叢書）

ISBN 978-7-5325-8873-2

Ⅰ.①姓… Ⅱ.①邵… ②侯… Ⅲ.①氏族譜系—中國—古代 Ⅳ.①K820.9

中國版本圖書館 CIP 數據核字(2018)第 123777 號

姓　解

山右叢書

（宋）邵思　撰

侯立睿　點校

上海古籍出版社出版發行

（上海瑞金二路 272 號　郵政編碼 200020）

（1）網址：www.guji.com.cn

（2）E-mail：guji1@guji.com.cn

（3）易文網網址：www.ewen.co

浙江臨安曙光印務有限公司印刷

開本 700×1000　1/16　印張 9.5　插頁 2　字數 115,000

2018 年 6 月第 1 版　2018 年 6 月第 1 次印刷

印數：1—2,100

ISBN 978-7-5325-8873-2

G・692　定價：38.00 元

如有質量問題,請與承印公司聯繫

目　録

點校説明

邵思，北宋雁門人，生卒年不詳。主要著作有《野説》三卷（載於《宋史·經籍志》），《姓解》三卷（載於《直齋書録解題·譜牒類》）。

《姓解》三卷，是邵思在景祐二年（1035）寫定的一本有關記録姓氏來源的譜系類著作，收録范圍爲“歷代功臣名士布在方册者”，述録方式是“次第書之，啓迪華源，恢張世胄”（邵思自序）。該書按偏旁分類，共 170 部，收録共計 2 276 个姓氏（與日藏北宋景祐本卷首題目下夾注所載 2 568 个數字相異，《經籍訪古志》有載）。該書搜羅豐富，遍采經、史、子、集各書所載人名，并參照多種姓書加以編撰而成。《經籍訪古志》評價其書有極高的文獻價值：“引用各書如何氏《姓苑》、《三輔决録》、《山公集》、《姓書》、陳留《風俗傳》、《文士傳》、《春秋公子譜》、《世本》、郭泰《别傳》、王僧儒《百家譜》、《祖氏家傳》、吕静《韵譜》、《孝子傳》、賈執《英賢傳》，皆世久失傳，鮮併其名知之者，亦得賴此以存其梗概。”段朝瑞在《邵氏姓解辨誤》卷尾評價其書簡明，不穿鑿附會：“其書半本《廣韵》，雖不免駁，然大致明簡，與他姓書過涉傳會者不同。”

今天留傳下來的《姓解》版本一共有三个，分别是：現藏於日本國立國會圖書館的北宋景祐二年刻本、光緒十年黎庶昌校刊的影北宋本（即《古逸叢書》本），以及 1935 年商務印書館據《古逸叢書》本影印的《叢書集成》本。

從版式、文字來看，前兩個本子出於同一祖本，即日人森立之撰《經籍訪古志》所記載懷仙樓所藏北宋槧本。黎庶昌所輯

《古逸叢書》本對原《姓解》作了一些文字校刊工作，與日本國立國會圖書館所藏北宋景祐本各有短長，但未盡善，清邵武徐幹在《邵氏姓解辨誤》卷尾跋文就曾指出："段君病其（《古逸叢書》本）多訛奪。"爲儘量保留及反映該書原貌，本次校勘以最古的北宋景祐本爲底本，以《古逸叢書》本爲校本，同時參校段朝瑞《邵氏姓解辯誤》及其他姓書。

校勘工作主要針對文字進行，對内容的覈勘不作展開。原底本有衍、脱、倒、訛處，均用校勘方式出校，校本及他本有誤者不出校。避諱省簡筆畫的文字，徑改不出校。文中異體字一律改用現行通用字。對與援引古籍内容有出入者、明顯有誤者，均出校更正。爲行文的方便，校勘文獻第一次出現時用全稱，餘皆用簡稱。全書引文夥多，凡援引原文處一律用雙引號標出，以區别於節引文意處。原書目録散在各卷首，今統一作目，置於書首。

點校中發現，本書的錯誤不止於校勘記中指出的那些問題，比如作者引書錯亂、時代亂序，以及祖孫、父子、兄弟顛倒之類的錯誤，屬於考證範圍内的問題，非校勘所能承擔，還望讀者見諒。

附：本書主要使用的參校文獻有：

漢應劭撰、張澍編輯補：《風俗通姓氏篇》，《叢書集成》初編本，商務印書館，1937 年。

漢應劭撰、王利器校注：《風俗通義校注》，中華書局，1981 年。

清段朝瑞：《邵氏姓解辨誤》一卷，《叢書集成》續編本，新文豐出版公司，1988 年。

清王仁俊輯：《玉函山房輯佚書續編三種》，上海古籍出版社，1989 年。

漢宋衷注、清秦嘉謨等輯：《世本八種》，北京圖書館出版社，2008 年。

《姓解》序

天生蒸民，受之以姓。姓者，所以别婚娶、厚人倫也。或因生以賜之，或錫土而命之，或從父字，或紹世官，眇覿前修，率由斯義。厥後氏族至衆，人皆著書，譜、系、志、原，遂有數本，靡不廣引流派，窮極枝葉。善則善矣，而卷帙浩博，尤難傳寫。册府仍存於副本，儒家殆絶於斯文。于以沿波，或見憑於撰德，幾成閣筆，蓋不類於生知。繇是自散群書，纂爲《姓解》，且以歷代功臣名士布在方册者，次第書之，啓迪華源，恢張世胄。其餘疏族異望一皆削去，使開卷易見，不假乎吹律；同宗自避，無飾於斷章。爰寘牓囊，屢更桂魄。欲一概注釋，未免雷同；將四聲拘收，又屬疑混。必不得已，輒取篇旁類之，但使便於檢尋，固無慚於簡易。凡言姓者，孰不覽焉。

大宋景祐二年上祀圜丘後五日自序

姓解卷第一凡三卷，一百七十門，二千五百六十八氏。

人一

任　樂安任氏，黄帝二十五子得姓者一十四人，虞翻曰："二人同姓，酉、祁、己、滕、葴、任、荀、釐、姞、允、儇、依十二人爲十二姓。"至秦乃有南海尉任囂。漢有任安、任座，又有廣阿侯任敖。後漢司空任隗，二十八將有任光，獨行任永君，方術任文翁，循吏任延魏，都亭侯任峻。晋侍中任凱。梁相任昉。

何　廬江何氏，出自周武〔一〕王弟唐叔虞之後，十一代有食菜於韓，韓滅，子孫分散江淮閒，有以韓爲何者，蓋字隨音變也，乃自稱何氏。漢有何武。後漢何休，大將軍何進。魏有何晏。晋太尉何曾，曾子劭，劭子綏。宋何尚之，何承天。齊何昌宇，何戢。梁何憲，何法盛，何敬容，何遜，處士何點、何胤。周何妥。

何丘　楚有烈威將軍何丘寄。

伏　平昌伏氏，伏羲之後也。漢有濟南伏生。後漢司徒伏湛，伏隆，又伏恭。梁伏挺，伏曼容。

伏侯龍　虜姓也，後周大將軍伏侯龍，名恩。

傅　清〔二〕河傅氏，傅説之後，出自傅巖。漢有傅寬，傅介子，傅燮。後漢二十八將有傅俊。魏有傅嘏。晋有傅玄，玄子咸，咸子敷，敷子晞，晞子宣，宣子暢，皆有列傳。唐有傅弈。

傅餘　漢複姓。初，傅説既作相，子孫留巖穴者自稱傅餘氏。

侯　上谷侯氏，《左傳》："鄭大夫侯獳〔三〕之後。"魏有侯嬴。漢有侯霸。

侯史　晋有東萊人，姓侯史，名光。

侯莫陳　凡虜姓三字、二字者，並出後魏、北齊，《後周書》皆稱河南郡。後周有侯莫陳崇，爲柱國。

倪　漢有倪湯。後漢有揚州刺史倪諺。唐有汴州刺史倪若冰。兒寬在乚部。

伊　湯相伊尹，尹子陟。後書、傳無聞人，直至蜀有伊藉。後魏有伊馥。唐有伊慎。

伍　《左傳》有伍參，伍舉。楚有伍奢，奢子尚、員。漢有伍被，爲淮南王相。

仵　《姓苑》云："襄陽多此姓。"晋有仵戎。

仲　《春秋公子譜》有宋莊公子仲之，後稱仲氏。《風俗通》云："凡氏於字，伯仲叔季是也。"湯左相仲虺。孔子弟子仲由。

仲行　《左傳》宋[四]司馬仲行名寅，秦穆三良有仲行氏。

仲叔　《左傳》衛大夫仲叔圉。

仲顔　魯有仲顔[五]莊叔。

仲長　後漢有山陽仲長統。

仲梁　魯有仲梁懷。

仲孫　魯卿有仲孫何忌。

條　《左傳》殷人七族有條氏。《後趙録》冉閔司空條攸[六]。

伉　《風俗通》云："漢有伉喜，爲漢中大夫[七]。"

佴　如代切。《山公集》有佴湛。

但　音檀。漢有但巴，爲濟陰太守。

仇　《左傳》有宋大夫仇牧。後漢有仇覽。

仇尼　《姓苑》云："漢複姓。"

脩　《姓苑》云："臨川多此姓。"漢有屯騎校尉脩炳。

脩魚　《始皇本紀》："嬴氏十四姓之一也。"

作　漢有涿郡太守作顯。

仁[八]　《姓苑》云："彭城人。"

假　漢有假倉。

伯　魯伯禽之後，有伯氏名偃，爲晋大夫。《左傳》伯邑考，伯州犂[九]。《伯宗家語》有伯常騫。

伯夫　《韓子》有伯夫氏，墨家流也。

伯成　《莊子》有伯成子高。

倚　楚左史倚相之後。

儀　《左傳》有齊大夫儀楚，楚〔一〇〕大夫儀行父。

偃　皋陶後也。《左傳》：“舒庸、舒鳩皆偃姓也。”前漢末有偃參。

偃師　《史》：“陳悼太子偃師，其後以王父字爲氏。”

僖　魯喜伯之後，《左傳》有僖負羈之妻。

倗　音朋。《漢書·王尊傳》云：“南山群盜倗宗等。”

儲　其先儲宫灑掃者以爲氏。後漢有儲太伯。

佟　音冬。《北燕録》有“遼東佟萬，以文章知名”。

佼　音絞。《後漢書》：“光武時山陽人佼强爲盜。”

仍　夏少康母有仍氏之後也。

伶　黄帝掌樂官伶倫之後。又有姓泠、靈、零，皆逐部下注。

倫　與伶同爲氏。

優　《史記·滑稽傳》有優旃、優孟。

侵　《三輔决録》有侵恭。

備　《姓苑》云：“宋封人備之後。”

俱　南凉有將軍俱延。唐有内官俱文珍。

保　《周禮》有保章氏，掌天文，後稱保氏。楚有文王傅保申。

儋　《左傳》周大夫儋翩。

依　黄帝十四子之一姓也。

僕　《周禮》官族僕人之後。漢有僕朋，封渾梁侯。

僕固　虜姓也。唐將僕固懷恩。

僕蘭　亦虜姓也，並見《後魏書·官氏志》。

仉　音掌。梁四公子姓。

偓　音握。《列仙傳》有偓佺。

便　音駢。漢有少府便樂成。

信　《姓苑》云：“魏公子信陵君後以爲氏。”

信都　漢複姓。後魏有信都芳，明律吕。

信平　亦漢複姓。

俟　《風俗通》云："古賢者俟子，著書八篇〔一一〕。"後魏獻帝以次弟爲俟氏。

俟畿○俟奴　虜姓也，並見《後魏書》。

俟力伐　虜三字姓，後魏改賜鮑氏。

俟伏斤　後改爲伏氏。

俟吕陵　《後周書》："太祖賜韓褒姓俟吕陵氏。"

俠　《姓苑》云："韓相俠累之後。"《史記》云俠累是韓君季父，非姓也，故兩存之。

侍其　王僧孺《百家譜》云："蘭陵蕭休緒娶高密侍其義叔女。"

僮　《風俗通》云："漢有交趾太守〔一二〕僮尹。"

候　《周禮》有候人之職，子孫氏焉。

偏　《急就章》有偏張吕。〔一三〕

僚　《左傳》有晋大夫僚安。

偪陽　《姓苑》云："妘姓之國也，爲晋所滅，子孫氏焉。"

僑　《古今人表》："僑極，玄囂子也，生帝嚳。"後有僑氏。

攸　《北燕録》有尚書攸邁。

僂　音婁。齊有勇士僂堙。

儇　音還。黄帝十四子之一姓。

佚　《左傳》鄭有大夫佚之狐。

佛　晋大夫佛肸。

儁蒙　上音俊，虜複姓。

伊祁　一作耆陶，唐姓也。

伊婁　後魏有伊婁穆。

佗駱拔　虜三字姓，後魏改爲駱氏。

倕　牛昆切。傶　音足。休　音溺。佫　音鶴。佮　音閤。侁　音身。傍○倹○化○住○仰○儠　一十二氏並見《姓書》。經史無顯名者，存之以備檢討。他皆倣此。

代　在弋部。

口　二

口　《姓苑》："今同州口氏，本白室羌也。"

后　漢有少府后倉。

占　《左傳》陳大夫子占之，後以爲氏。又有詹姓，在言部。

舌　《風俗通》云："越有大夫舌庸〔一四〕。"

吕　吕氏出自炎帝之後，姜姓也。伯夷佐禹有功，封於吕，其望或陽翟，或濮陽，或東平。惟東平者，吕望之苗裔也。《左傳》有吕相、吕錡。秦有吕不韋。漢吕后之族謂之諸吕。吴有吕蒙、吕範、吕據。晋有吕虔、吕安。後凉吕光，都姑臧。梁有吕僧珍。唐有太史令吕才、諫議大夫吕元膺。

吉　尹吉甫之後也。漢有太守吉恪。宋有吉翰。

告　告子之後。

噲　《孝子傳》有噲參，鵠銜珠與之者。

吴　周太伯始封於吴，因以命氏，姓起自季扎。《史》有吴芮封衡山王，後有吴起、吴廣。後漢二十八將有吴漢，又有吴祐。魏有吴質。晋吴猛、吴隱之。《南史》吴明徹。唐有史臣吴兢，又吴通玄、通微。

善　《吕氏春秋》云："善卷，堯師也。"唐有高士善興。

啓　或作啓。後燕有將軍啓倫。

啖　亦作噉。前秦有將軍啖鐵。

喻　亦作諭。東晋有喻歸，撰《西河記》者。何承天又云："喻音樹。"

呼　《列仙傳》有呼子先。

呼延　《前趙録》："匈奴貴姓有呼延氏。"唐有呼延贊，世掌貢籍，嘗以氊代筆書"禮部貢院"四大字者。

呼衍　《後漢·匈奴傳》有呼衍氏。

呼盧 虜複姓。

吾 昆吾之後也。漢有廣陵令吾扈。晋有吾彦。又有將軍吾粲。

吾丘 漢有趙人吾丘壽王。

咎 湯有臣咎單，主土地之官也。

古 周太王去邠適齊，稱古公亶父，後爲氏焉。後漢有孝子古初，見《郅惲傳》。《蜀志》有功曹古收。後魏尚書令古弼。唐有古之奇。

古冶 《晏子春秋》："齊有勇士古冶子。"

古孫 漢複姓。出《姓苑》。

古成 古音枯。漢有廣漢太守古成雲。

古口引 虜三字姓，後魏改賜古氏。

叱干 《北史》有將作大匠叱干阿利。

叱奴 西魏有開府叱奴興。後周文帝皇后叱奴氏。

叱羅 西魏有南陽公叱羅協。

叱吕〇叱門〇叱利〇叱李〇叱列 《北齊書》有叱列平。**叱盧** 此六氏並見《後魏書·官氏志》。

叱伏盧 虜三字姓，亦見《後魏書》。

叱伏列 周侍中叱伏列龜，代郡西部人。

吐 《隋書》有將軍吐萬緒。

吐突 後魏有吐突氏。唐有吐突承璀。

吐奚〇吐難〇吐萬 並見《魏書》。

吐谷渾 谷音浴。慕容廆庶兄曰吐谷渾，後將所部居西零以西、甘松南，極乎白蘭數千里。其孫葉延曰："《禮》云：孫子得以王父字爲氏。"遂姓吐谷渾。

吐伏盧 亦見《魏書》。

嗢盆 上烏没切。

嗢石蘭 並出《魏書》。

咀 才預切。**台** 音胎。**台** 音怡。三氏並出《姓苑》。

谷 在八部。

合 在亼部。

和 在禾部。

君 在尹部。

召 在邑部“邵”字下。

齒　三

齧 《莊子》云：“齧缺，堯時賢者，學道於王倪，傳道於許由。”

耳　四

耽 《左傳》：“文王十六子封十六國，耽第九子。”《春秋公子譜》云：“耽季戴，文王子也，爲周司徒，有令德。”又，宋有耽啓。

聊 《風俗通》：“漢有侍中聊倉〔一五〕。”《姓苑》云：“魯多此姓。”

耿 國名，晋滅耿，子孫以國爲氏。前漢大司農耿壽昌。《後漢書》史臣曰：“耿氏自漢中興之後至建安末，大將軍二人，將軍九人，卿十三人，尚公主三人，列侯十九人，刺史二千石數十百人，與漢興衰。”蓋耿況、弇、純、恭、舒而下，不可盡載也。

職 《周禮》職方氏，其後因官爲姓。漢有山陽令職洪。

聖 八凱之後數謚曰聖，子孫爲氏。

聶 楚大夫有食菜於聶者以爲氏。史有聶政。吴有將軍聶支〔一六〕。

聲 《左傳》有蔡大夫聲子。

目　五

目夷 《左傳》有宋公子目夷，後遂稱目夷氏。

眭 音雖。漢有眭孟，治《春秋》，又有眭弘。後漢末，曹公擊眭固於射犬。後魏有逸人眭夸。

瞫 音審。《漢書》："武落鍾離山有黑穴，出四姓。"其一曰瞫氏，其次相氏、樊氏、鄭氏。

瞞 音謾。本姓蠻，出於荆蠻。音訛，遂稱瞞氏。《左傳》有司徒瞞成。

瞯 音閑。《史記》："濟南有豪滑〔一七〕瞯氏，爲郅都族滅者。"

睦○眗○昚 音慎。**睆** 音緩。**盵** 音氣。五氏並出《姓苑》。

手六

扶 漢有廷尉扶嘉。

摇 勾踐之後有東海王摇，子孫以爲氏。《年表》有海陽侯摇無餘。

播 殷賢人播武〔一八〕。

摎 音留。魏河南太守摎尚。

接 《三輔决録》有接昕子。

捷 《漢書·藝文志》有捷子，著書一篇。〔一九〕

招 《姓苑》："漢有招猛。"

提 《左傳》有提彌明，殺趙盾者。

抮 秦相抮里子之後。

把 即爪部所注"爬姓"也，後改此"把"字，必加切注，在"爬"。

掊 音裴。前漢袁盎之掊生所問占。

掌 晋有琅琊掌同。前凉有燉煌掌據。

擧 音舉，又音拱。《左傳》楚大夫椒舉之後也。

摯 出自帝嚳子摯之後。魏有摯摸，摸〔二〇〕子虞。

折屈 虜複姓也。南凉禿髮傉檀立其妻折屈氏爲后，今府州折氏蓋折屈氏之後也。自有析氏音晢，在木部。《後漢書·方術傳》有折象，本是析，史誤書。

拓跋　初黄帝子昌意少子受封北土，黄帝以土德王，北族謂土爲拓，謂后爲跋，故稱拓跋氏。後魏拓跋珪，都平陽。

拔列蘭　後魏虜三字姓，後改爲梁氏。

擜　音擥。抗　音亢。授○撿○據○振○括○操○拔○掖○携　一十一氏，書傳無顯名者，《姓苑》載之。

拳　在㫃部。

足　七

路　平陽路氏，帝摯之後。漢有路博德、路温舒。蜀有路粹。唐有路隨、路巖。

蹛　音帶。《匈奴傳》有蹛〔二一〕林。

踈　本作疏，漢太子太傅疏廣之後。

疏　解在上。

路中　賈執《英賢傳》云："路中大夫之後以爲氏。"張晏云："姓路，爲中大夫。"

示　八

視　出《姓苑》。

神　神農之後。漢有騎都尉神曜。

祖　范陽祖氏，成湯之後，子孫以祖爲家，故有祖甲、祖乙、祖丁，後以爲氏。晋有祖約、祖逖。北齊有祖瑩。唐有祖孝孫。

禰　《後漢書·文苑》有平原禰衡。

祁　黄帝十四子之一。《左傳》晋大夫祁奚。

祕　《古今人表》有祕彭祖。《西秦録》有僕射祕宣。

禄　紂子禄父之後。

禮　《左傳》有衛大夫禮孔。

祝　祝融之後。鄭有祝耽。衛有祝鮀。漢祝恬、祝良。唐祝欽明。

祝其　漢有清河都尉祝其承先。

社南　《風俗通》："齊昌徙居社南，因稱社南氏。後有居社北者，又自稱社北氏。〔二二〕"

社北　解在上。

裕○祐　皆見《姓苑》。

祈　在斤部。

見九

觀　本與夏后氏同姓，諸侯國也，後自以爲氏。《左傳》有觀起。晋有觀洋。

覽　《姓苑》云："彭城人。"〔二三〕

覶　音韵。前凉有安昌覶平、金城覶敞。〔二四〕

見　音現。出《姓苑》。

肉十

期、朔、脟、骨四氏本在月部，今附。

服、滕、勝三氏本在舟部，今附。

脂　魏有中大夫京兆脂習。

肥　秦〔二五〕有大夫肥義。後漢有肥親。

胡　安定胡氏，解在"陳"姓下，陳胡公之後也。東漢胡廣爲三公。魏胡質，質子威。晋胡奮。

胡毋 毋音巫。齊宣王母弟胡公之後，娶母氏，乃併稱胡母。〔二六〕後漢胡毋班。晋胡毋輔之。

胡非 漢複姓。

彤魚 上音容，《古今人表》："黄帝妃曰彤魚氏，生夷鼓。"

胙 《左傳》云："周公之胙胤也。"

期 《風俗通》云："古有期思國，國人以爲氏〔二七〕。"

膠 《史記》紂臣膠鬲。

骨 河南骨氏。《後魏書》云："本紇骨氏，後改爲骨氏〔二八〕。"隋有京兆尹骨儀。

能 音奈。何氏《姓苑》云："長廣人。"

胥 《春秋公子譜》："司空季子胥臣臼季及胥申〔二九〕父，父生胥尅、胥童。"

胥門 《吴越春秋》："子胥將死曰：'抉吾目置吴門，看越滅吴也'。"子孫乃以胥門爲氏。

肩吾 《姓苑》："古有隱者肩吾子。"

服 後漢江夏太守服徹，又有服虔。

滕 黄帝十四子之一，又文王封十六子，滕第十二。後漢有滕撫。晋滕修。梁滕曇、滕恭。騰亦姓。

勝 本勝屠氏，後避仇改姓勝。

䏤 音尋。**肮** 居聿切。**脱○朔○背○肩** 六氏皆出《姓苑》。

力十一

力 黄帝臣力牧之後爲氏。漢有魯相力題。

功 《風俗通》有晋大夫功景〔三〇〕。

勃 《世本》云："宋右師之後也〔三一〕。"宋文公寺人勃貂。《左傳》寺人勃鞮，斬晋文公袪者。《梁書》："武帝改豫章王綜爲勃氏〔三二〕。"

勤　《風俗通》有魯大夫勤成。

勸○勇　皆出《姓苑》。

爪莊巧切。十二

爲　漢有南郡太守爲昆。

虣　音暴。出《姓苑》。

爬　本作杷。東樓公之後，避難改焉。西魏有襄州刺史爬秀。今手部亦出之。

奚　夏有車正奚仲。《左傳》有奚斯〔三三〕。《漢書·功臣表》有奚涓。唐有中書舍人奚陟。

奚計盧　虜三字姓，出《後魏書》。

髟所咸切。長附。十三

髮　漢有東海髮福，治《詩》。

肆　《風俗通》有漁陽〔三四〕太守肆敏。

長　《姓苑》云："長沮之後。"

長孫　《左傳》齊大夫長孫修〔三五〕。後魏長孫嵩、長孫道生。唐有長孫無忌、順德，皆爲十八學士。

長狄　《左傳》："長狄僑如瞞鄋〔三六〕也。"

長魚　《左傳》：晋大夫長魚矯。

長兒　晋有長兒魯，少事智伯，智伯絶之三年，後死智伯之難。

長盧　《列子》有長盧子。

彡色廉切。十四

彭　祝融之後有陸終，終生六子，其三曰彭祖，以爲氏焉。《左傳》有楚令尹彭仲爽。漢梁王彭越，大司空彭宣。後漢彭寵。

彤　《史記》："彤伯爲成王宗伯。"

須　《風俗通》云："太昊之後。"《史記》："魏有須賈。《年表》有須無。"

須卜　《後魏書》云：匈奴貴族。

須遂　《左傳》遂人四姓之一。

彪　《左傳》有衛大夫彪傒。

彣　音閔。《姓苑》云："蕃姓也。"

形成　《史》有形成氏。

彨　《左傳》有彨班。《年表》有芒侯彨跖。

彤魚　在肉部。

頁下結切，頭也。十五

顛　周有亂臣太顛之後。《左傳》有晋大夫顛頡。

顧　吴郡顧氏。漢有荆州刺史顧容。晋有顧悦之，與簡文同歲者，子凱之善畫。吴丞相顧雍，族人悌，雍子邵，邵子譚。晋有顧榮，雍之孫也。齊有顧權。陳有顧野王。

潁　《左傳》有潁考叔。《後漢・儒林傳》有潁容。

頡　《風俗通》："古有賢者頡衛。"

顔　魯伯禽支庶有食菜於顔邑者以爲氏。《禮》有顔丁，善居喪者，《左傳》有魯人顔高。孔子弟子顔淵、顔無繇。漢顔駟。晋光禄大夫顔含，門施行馬者。宋顔延年。北齊顔之推。唐顔相時，爲十八學士；又顔師古，顔真卿、杲卿。

顔成　古有顔成子。

頓　頓本侯國，今之南頓也。漢有頓肅。

顯　《左傳》：周大也顯甫。

頻　《風俗通》：“漢有酒泉太守頻暢，一云名陽〔三七〕。”

項　本姬姓之國。《公羊傳》云：“齊桓公滅項。”子孫以國爲氏。《史記》有項托。楚將項燕，燕生梁，梁兄子藉〔三八〕，生羽〔三九〕，号霸王，羽將項莊、項伯。

頊　高陽之後著姓。

賴　《風俗通》：“漢有交趾太守賴先。”

頺　《史記》有頺當〔四〇〕。

顓　顓頊之後也。孔子曰，顓臾爲東蒙主。《列仙傳》有太玄女，姓顓，名和。

顓孫　孔子弟子顓孫師，字子張。

頜　音閤。《左傳》：“頜氏，遂國之强宗也。”

頌　出《姓苑》。

心十六

恩　《前燕録》有東庠祭酒恩茂〔四一〕。《風俗通》云“陳大夫成仲不恩之後”也。

惠　琅琊惠氏，周惠王之後。《史記》梁相惠施。漢有惠乘。後漢有惠棼。

息　《左傳》息嬀之後。漢有河内息夫〔四二〕躬。

悉　《漢書·古今人表》有悉清，爲神農師。

忌　《姓苑》云：“周公忌父之後。”

念　西魏有太傅念賢。

憲　八元叔憲之後有以爲氏。

意〇思〇怨〇患　四氏皆出《姓苑》。

恪　晉有郎中令恪啓。

悦　《後燕録》有悦綰〔四三〕。

恤　《風俗通》云："魯有恤由〔四四〕。"

懷　《吴志·（丞相）〔四五〕顧雍傳》有尚書郎懷叙。

忖　魯有忖已，爲齊所誅。

怡　《周書·怡峰傳》云："本姓默〔四六〕，避難改焉。"

慎　《史》有慎到著書。《家語》有魯人慎潰〔四七〕氏逾法者。

快　《風俗通》漢有快欽〔四八〕。

慺〇悝　皆見《姓苑》。

慈　在八部。

言十七

言　《史記》孔子弟子言偃。

論《西秦録》有將軍論叔達〔四九〕。

謀　《風俗通》云："周卿士祭公謀父之後也。"

説　音悦。傅説之後。

許　高陽許氏，出自姜姓。泰嶽之後，神農之裔也。堯有許由。漢有平恩侯許伯，孝元外祖許舜，許延壽，又有許嘉。後漢許慎。漢末汝南許劭，劭弟靖。魏許褚。晉有茅山許邁、許穆。隋有許善心。唐侍中許敬宗，嘗爲十八學士；又京兆尹許孟容，忠義許遠。

謝　陳留謝氏。周宣后申伯食菜於謝，因而氏焉。後漢謝夷吾。《南史》有謝安，曾孫〔五〇〕靈運，子鳳，鳳子超宗；玄尚、萬、朓、朏、弘微、惠連、景仁、莊，皆有傳。

諫　《周禮》有司諫之官，後以爲氏。漢有治《書》御史諫忠。

計　《風俗通》漢有司空掾計訓〔五一〕。《史》有范蠡師計然。後漢有方伎計子勛。

譚　春秋時譚國爲齊所滅，譚子奔莒，以國爲氏。漢有河南尹譚閎。

謁　古有謁者之官，寺人也，後以爲氏。《風俗通》云："漢有汝南太守謁渙〔五二〕。"又有張湯小吏謁居。

諒　東漢有諒輔。

諸　音遮。越有諸發。漢有洛陽令諸於。

訓　《周禮》有訓氏，掌四方之政，後以爲姓。

調　《周禮》有調人，其後氏焉。

謝丘　周宣王之子有食菜於謝丘者，遂爲復姓。

諸葛　《吴志》："葛氏本瑯邪諸縣人，後徙陽都。陽都先有姓葛者，時人以徙居者衆，因号諸葛氏〔五三〕。"《風俗通》又云："葛嬰爲陳涉將，有功封諸縣侯，因而并氏之。"蜀有諸葛亮，魏有諸葛誕，吴有諸葛恪。

詹　《左傳》有大夫詹嘉，詹父。《楚詞》有太卜詹尹。《列子》："詹何，古之善釣者。"亦有占姓，在口部。

譽　晋有平原太守譽粹。

談〇諶〇識〇譴〇詡〇誂〇讓　七氏並出《姓苑》。

曰十八

昌　《古今人表》："昌僕者，昌意妃也，生顓頊。"後漢有東海相昌狶。宋有豫州刺史昌義之。

昆　祝融之子陸終生六子，其一曰昆吾。戰國時齊有賢者昆辯。

昆吾　即陸終子昆吾也。昆爲姓，吾爲姓，昆吾亦爲姓，凡三氏。

曼丘　《孟子》："齊有曼丘不擇〔五四〕。"

㬎　在爰部。

暴　在共部。

予十九

舒　廬江舒氏。《左傳》云："偃姓也。"唐有舒元輿。

豫　《史記》有豫且、豫讓。

我二十

我　古賢者我子，著書五篇。

義　湯卿義伯之後。漢有酷吏義縱。

老二十一

老　《風俗通》云："顓頊生老童。《左傳》：宋有老左盧〔五五〕，楚有老萊子。"

老陽　周有老陽子，修黄老術。

老成　《世本》有宋大夫老成方〔五六〕。

耆　伊耆氏之後，合作祁，今《姓苑》有此字。

考成　《列子》有考成子。

孝　齊孝公之後以爲氏。

考　出《姓苑》。

少二十二

少　失照切。古帝少典之後。《禮》有少連。漢有方士少翁。

少師　《姓苑》云："少師陽之後。"

少正　魯大夫少正卯。

少室　趙簡子御有少室周。

少施　魯惠公子施叔之後有少施氏。

少叔　孔子弟子少叔乘。

少王　《風俗通》有少王桃甲。〔五七〕

省　音眚。《左傳》有宋大夫省臧。

女二十三

女　一作汝，亦在水部收〔五八〕。《漢書·古今人表》："女禄，顓頊妃也，生老童。又有陸終妃女潰，生六子者。"《左傳》衛大夫女寬。《莊子》有女商。

姬　周姓也。

姓　《漢書·殖貨志〔五九〕》有姓姓、名偉者，訾五千萬。

姚　舜姓也，舜生於姚墟，因而命氏。《左傳》有鄭大夫姚勾耳。後秦姚萇、姚弋仲。陳有姚察。唐相姚元崇，又姚思廉爲十八學士；復有姚璹，姚紹之。

嬀　亦舜姓也。陳居于嬀汭是也，《文士傳》有嬀覽。後漢有嬀皓。

娵　《古今人表》："娵訾氏女，生摯。"

嫪　《秦始皇本紀》有嫪毐。

嫫　嫫母也，黄帝妃，生食〔六〇〕林。《古今人表》作憮，音謨。

娥　堯妻舜以娥皇，後有此姓。後魏有將軍娥清。

如　漢有長安富人如氏。魏有陳郡丞如淳，注《漢書》者。又有姓茹，在草部。

姞　黄帝十四子之一姓也，姞氏爲后稷元妃。《左傳釋文》云：“初是南燕姓，故有燕姞。”

娀　簡狄有娀氏，帝嚳次妃也。

妘　《國語》云：“祝融之後有妘氏。”

姒　音似。夏禹姓也。周文王妃曰太姒，後遂有姒氏。

嫣　《漢書》有嫣説〔六一〕。

媧　女媧氏之後有以爲氏。

妲　紂妃妲己之後也。

嬌　《古今人表》：“嬌極者，老童妃也，生重黎。”

姑布　《趙世家》“相趙無恤者，姑布子卿”注“姑布，姓也。一云布子”。亦解在丨部。

婁　邾婁國之後。漢有婁敬，後賜姓劉氏。又有婁護。魏婁圭。北齊婁定遠。唐婁師德。

委　《風俗通》：“漢有太原太守委進。”

婀　烏可切，《莊子》有婀甘〔六二〕。

婁　所巾切。《古今人表》：“有婁氏女，生禹。”〔六三〕

娸　音欺。娩　音免。媣　音甘。好　音耗。婼　音鄙。娒　音某。嬈　奴雷切。七氏皆出《姓苑》。

子二十四

子　殷姓也，魯有叔孫氏之車士，姓子名鉏商，獲麟於野者。《左傳》宋有子韋〔六四〕，明天文者。

孫　周文王子康叔封于衛，至武公子惠孫曾耳爲衛上卿，因氏焉。《傳》曰：

"孫伯黶，司晋之典籍。"衛有孫林父。楚孫叔敖。《史》有孫武、孫臏。魏中書令孫資。吴太帝姓孫氏。晋孫綽、孫楚。唐孫逖、隱士孫思邈〔六五〕。

孔　亦殷姓也。初，帝嚳次妃簡狄吞乙卵而生契，賜姓子氏。至成湯，以其祖吞乙卵而生故名履，字天乙，後代以子加乙爲孔氏。至宋孔父嘉遭華父督之難，其子奔魯，生叔梁紇，叔梁紇生孔子，是後襲封不絶。一説黄帝史官孔甲，著《盤盂篇》。又説陶唐氏後有孔甲，學擾龍事，則與殷後不同。漢有孔安國，則孔子後也。遂有孔光、孔奮。後漢孔融。晋孔愉，愉弟祗。梁孔述睿〔六六〕，孔休源。齊孔稚珪。唐孔紹安，孔巢父，又孔穎達爲十八學士。

孺　《姓苑》云："魯有孺悲，欲見孔子者。"

孤　孤竹君之後，子孫以爲氏。

子人　《左傳》鄭大夫姓子人，名九。

子服　《左傳》魯大夫子服氏，即《論語》子服景伯也。

子家　《左傳》有子家子，返賜者。

子桑　《家語》有子桑伯子〔六七〕，《莊子》有子桑扈。

子師　《左傳》鄭有子師僕。子乾〇子仲〇子工〇子革〇子臧　六復姓。丑子　音耗。學　八氏皆見《姓苑》。

步二十五

步　《左傳》有步陽侯，食菜於步，後爲氏。孔子弟子少叔乘，一云步叔乘。《風俗通》漢有步邵，爲下邳主簿。車伯琦爲明府，時人爲之語曰："車府君，步主簿。"〔六八〕吴丞相步騭，騭子闡。《晋書·藝術傳》有步熊。

步六孤　後魏虜三字姓，後改賜陸氏。

步六根　亦虜姓，後改賜步氏。

步大汗　出《北齊書》。

辵丑略切。二十六

逄　音龐。《左傳》有逄丑父。古有逄蒙，善射。後漢隱士逄萌。

過　音戈。《風俗通》云："國過〔六九〕，夏諸侯之裔也，子孫以爲氏。"漢有兖州刺史過詡。

進　後漢有小黄門進儉。

遊　與游同出自馮翊。《左傳》鄭穆公之後有遊偃。後魏遊明根爲五更。前燕廣平游邃爲慕容廆股肱。

遲　《尚書》云："古賢者遲任。"晋有襄東太守遲超。

道　《左傳》有楚大夫道朔。

遺　《急就章》有遺餘〔七〇〕。

達　八敳叔達之後以爲氏。

還　音全。《左傳》有還無社。

連　《左傳》齊大夫連稱。

逯　音緑。《風俗通》云：漢有大司空逯並〔七一〕。《後趙録》有金紫光禄大夫逯明。

笸　音側。《風俗通》云："楚有笸〔七二〕倫。"又作笮，注在竹部。

過　《春秋公子譜》有過父，周時爲陶正，後封其子於胡。

邊　《春秋公子譜》云："宋平公生公子御戎，字子邊，故曰邊氏。"周大夫邊佗。漢京兆尹邊鳳。《後漢・文苑》有邊讓、邊韶。

達奚　《後魏書》獻帝弟爲達奚氏，又有弟爲達勃氏。周有達奚武。隋有達奚長孺。

達勃　解在上。

達步　達步氏生齊煬帝〔七三〕。

逢孫　《左傳》秦大夫逢孫氏。

逢公　楚大夫也，著《樂書》一篇。

逢門　《古今人表》有逢門子豹〔七四〕。

逢丘　出《姓苑》。

迦葉　漢複姓，下音攝。一云西域姓也。唐中宗時有知太史事迦葉至忠。

運奄　嬴姓也，十四氏之一。

運期　後漢梁鴻不仕，後改姓運期氏。

述　魯大夫仲述之後。

遇　在禺部。

通〇遣〇蓬〇遂〇運〇逗〇遴　音吝。七氏皆出《姓苑》。

走二十七

趙　天水趙氏。出自顓頊玄孫翳之後，伯益與父咎繇，皆出仕堯、佐舜。伯益十三代孫造父善御馬，穆王封于趙，後乃自爲趙氏。趙無卹、趙嘉，望雖不同，皆其後也。《帝紀》云："秦十四姓，趙居其一。"戰國時，有趙奢，子括，皆爲上將。《史》有平原君趙勝。《左傳》趙盾、趙襄、趙宣子〔七五〕。漢趙堯、趙廣漢、趙禹、趙破奴、趙岐。《後漢書・文苑》有趙壹，二十八將趙充國，爲麒麟閣功臣。吴又有善算者趙達。

趙陽　複姓也，衛公子趙陽之後。

越　姒姓也。《史》有越石父，其先夏少齊之後，封於會稽，自號越。

超　漢有太僕超喜。

起　《姓苑》云："出自〔七六〕帝堯劉累之後也。"

亍耻六切。二十八

亍　《風俗通》云："河東亍氏。楚有大夫亍衡。"

衡　阿衡之後。

衛　周文王十六子封十六國，衛康叔第六。漢有衛青、衛綰。後漢衛颯。魏衛覬。晉衛瓘，瓘子恒，恒子玠。唐兵部侍郎衛次公。

衙　秦穆公子食菜於衙，因而氏焉。《蜀志》有督護衙傳〔七七〕。

行　周有大行人之官，其後氏焉。

行人　解在上，《國語》有行人儀。

行其　《姓苑》有行其氏。

術○衍　二氏並出《姓苑》。

彳丑亦切。二十九

從　漢有將軍從公。

徐　東海徐氏。顓頊之後，伯益佐禹有功，封於徐。至春秋時，徐偃王行仁義，爲楚文王所滅，其後氏焉。又一族出於嬴氏十四姓之一也。漢有徐樂。後漢太尉徐防、高士徐稺。魏有徐晃、徐邈、徐廣。宋有徐羨之。北齊有徐之才。陳徐陵，陵子〔七八〕摛。唐徐堅、徐彦伯。

御　《周禮》有御人之職，其後以爲氏。《左傳》有大夫御叔。漢有御長卿，厚遺公孫弘者。

微　紂兄微子之後。《左傳》有魯大夫微虎。

微生　複姓也。魯有微生高，微生畝。

復　《漢・年表》有昆侯復累。力鬼切。

徒人　《風俗通》：齊有徒人費〔七九〕。

後　出《姓苑》。今夷門有此姓。

土三十

城　《風俗通》云："氏於事者[八〇]，城、郭、園、池，皆姓也。"

垣　漢有西河太守略陽垣恭。

堵　睹字，又音者。《左傳》鄭有堵敖，堵叔，堵女父，堵狗。

堪　《風俗通》云："八元仲堪之後爲氏。"

壘　《後趙録》有壘澄。

壁　《左傳》齊大夫壁司徒，本作壁，主壁壘者也。

堅　後漢二十八將有堅鐔。蜀都尉堅峻。

墨　《姓苑》："孤竹君之後有墨胎。古有墨子著書，名翟。"

墨夷　宋襄公子墨夷須爲大司馬，後有墨夷皋。

墟　音虎。黄帝之後也。[八一]

壤駟　孔子弟子壤駟赤。

地倫〇地連　皆出《後魏書》。

邑三十一

鄭　滎陽鄭氏。出自周宣王封母弟友於鄭，是曰桓公，及韓滅鄭，子孫以國爲氏。鄭武公父子並爲周司徒。又漢鍾離山出四姓，第四曰鄭。漢有鄭當時、鄭崇。後漢鄭興，興子衆，大司農鄭玄，小同，弘，均。晋大傅鄭冲。唐相鄭覃、鄭餘慶，鄭珏[八二]，鄭善果。

邵　雁門邵氏。周文王第五子召公奭封於燕，至太子丹爲秦所滅，子孫稱召，後有召虎。《左傳》有召忽。秦有召平。《漢書・循吏》有召信臣，《年表》有廣嚴侯召歐，歐，烏后切。《後漢・儒林》有召馴，自後未詳誰氏加邑爲邵。吴有邵疇。晋有邵愔、邵續。宋有邵榮興，六代同居旌表者。後魏邵洪哲。唐邵真、邵説、邵師德〔八三〕，皆有列傳。

邴　《左傳》晋大夫邴預、齊大夫邴意兹。漢丞相邴吉，爲麒麟閣功臣。魏有邴原。

郗　高平郗氏，梁武帝郗皇后。

郤　郤氏出自唐叔郤文子之後。晋大夫郤獻，子郤克、郤錡、郤至。晋有太傅郤鑒、郤詵、郤超。魏有方士郤儉。唐有郤士美。

酆　周文王十六子封十六國，酆第十五。《左傳》有酆舒。

騶　《史記·孟軻傳》："齊有三騶子：騶忌，以鼓琴干威王，因及國政，封成侯，先於孟軻；騶衍，干梁惠王，因爲之師，言五德終始天地廣大，故曰'談天'，與孟軻同時；騶奭，修衍之文飾，若雕鏤龍文，故曰'雕龍'，在孟軻後。"漢有騶陽。

郇　音詢。文王庶子封於郇。又有姓荀者，亦本同姓，解在"荀"字下。王莽時有郇越。唐有郇謨，以三十字詩諫者。

鄂　《左傳》：鄂侯之裔。《漢》關内侯鄂千秋。

郭　太原郭氏。周文王弟虢叔封於虢，後爲晋所滅，公子配遂姓郭氏，蓋虢、郭聲之轉也。燕有郭隗。漢郭解、郭昌、郭况。後漢郭丹、郭躬、郭泰。晋隱士郭文，又郭象、郭璞、郭麐、郭伋、郭賀。唐又有郭子儀、郭元振，皆有傳。

鄡　孔子弟子鄡單。

邢　《左傳》周公之裔也。周有侍中邢辟，直道忤時，謫於河間爲鄚令，是曰邢侯，後爲衛所滅，子孫繼其氏。〔八四〕宋有邢史子臣，明天道。魏有邢顒。後魏有邢巒。北齊邢峙、邢劭、邢子才。唐邢君牙。

郴　《陶侃别傳》有江夏郴寶。

郕　文王十六子封十六國，郕叔武第三。

鄆　本風姓，太昊之裔，魯大夫食菜於鄆國，因而氏焉。

郱　《左傳》郱子之後也。

郎　中山郎氏，出自中山。後趙有郎肅。後漢郎顗。《北齊·儒林傳》有郎基。隋郎士貴。唐有詩人郎士元。

鄅　《古今人表》有鄅無鄅。《西京雜記》有鄅長倩。

邽　孔子弟子邽巽，一名選。

酈　漢酈食其、酈商。後魏注《水經》者酈[八五]元。

鄳　漢有九江太守鄳脩。

郜　周文王十六子封十六國，郜叔第九。晉有高昌長郜玖。

鄐　漢有東海太守鄐熙。

邰　音胎。后稷母有邰之後也。

鄔　鄔郡太守司馬牟之後以爲氏[八六]。

邳　《風俗通》云："奚仲爲夏居正[八七]，自薛封於邳以爲氏。"後漢二十八將邳彤。

郈　《左傳》魯大夫郈昭伯。

鄹　《風俗通》云："漢有梁令鄹風。"

鄅　音禹。鄅國在琅琊。鄅子孫自以爲氏。

邗　周武王子封於邗，後爲氏。漢有邗侯，爲上谷太守。

鄧　南陽鄧氏。殷武丁封叔父於河北，是曰鄧侯，遂以爲氏。漢有鄧通。後漢二十八將有太尉鄧禹，鄧晨，晨子訓，訓子騭，皆封侯。晉鄧艾、鄧遐、鄧攸。

都　《姓苑》有臨晉侯都稽，吴興人。

郅　漢有酷吏郅都。後漢郅惲、郅壽。

郟　音甲。《左傳》有鄭大夫郟張。

郯　春秋時郯子，入魯辯古官，與仲尼傾蓋者即其人。又一族嬴氏封分[八八]十四姓之一。

鄩　音尋。《左傳》周大夫鄩肸。

郪　姑戾切。武王封黄帝後於郪，即今薊門之地也，子孫氏焉。

鄫　音繒。夏禹之後，少康之子，封於鄫而氏焉。

郁　魯相郁貢之後。

那　西魏有刺史那椿。東魏有太守那頡。

邸　漢有上郡太守邸杜。

邛　一作卭，解在卩部。

鄹　音鄒。《左傳》有鄹叔紇，即孔子父，鄹人叔梁紇也。

郳　《左傳》有郳[八九]犁。

鄎　《春秋公子譜》：“媯姓也，一作郋。”

邯鄲　漢複姓也，《風俗通》云：“漢有衛尉邯鄲義[九〇]。”

邑由　楚大夫養由氏之後，有善射者，後避難，有改姓邑由氏者。

鄧陵　楚公子有食菜鄧陵者以爲氏。

耶律　《姓苑》云：“契丹姓也。”

郲婁　虜複姓，出《姓苑》。

郁久閭　蠕蠕國姓也，出《後魏書》。

郁原甄　甄音真。《後魏書》云東夷姓。

邦〇郕　音辰。鄭　音奥。郱　音盈。鄺　音荒。鄮　音貿。鄚　音莫。部〇鄉　九氏並見《姓苑》。

祁　在示部。

田三十二

田　北平田氏。周武王封舜之後於陳，其後生公子完，謚曰敬，因号敬仲，自陳適齊，以嘗弒莊公，故改爲田氏。九世之後有田榮、田儋、田需、田穰苴、田巴。齊有孟嘗君田文。燕有田單。漢有田叔、田横、田蚡、田市、田廣明、田延年。唐隱士田遊巖。

留　出自會稽，本衛大夫留封人之後。漢末時避地山陰，遷居東陽，爲郡甲族。陳有將軍留贊。《漢·諸侯年表》有留肹。

畜　《姓苑》云：“非子後以爲氏。”

略〇疇　二氏出《姓苑》。

里三十三

里　《左傳》晉大夫里克，鄭大夫里析。

釐　音僖。黄帝十四子之一姓也。《左傳》有釐負羈妻。後秦有大夫釐艷。

井三十四

井　《姓苑》云："姜子牙之後也。"《左傳》有虞大夫井伯。漢有司徒掾井宗。後漢井丹，字伯〔九一〕春，精《五經》者。

芈　音潘。出《姓苑》。

丼　都敢切。蕃姓也。

門三十五

門　《周禮》云："公卿之子，入王端門，教以六藝，謂之門子。"其後氏焉。

關　《姓苑》云："陶唐之後也。夏有關龍逢〔九二〕。"又《風俗通》云："關令尹喜之後，子孫有姓關者。"漢長水校尉關陽〔九三〕。蜀前將軍關羽。宋有關康之。唐有關播。

閔　孔子弟子閔損。後漢有閔仲叔。晉尚書閔鴻。

開　《吕氏春秋》有開方。

閻　《左傳》楚大夫閻敖，魏大夫閻須。秦有閻樂。晉閻纂、閻鼎。唐閻巨源，閻立本、弟立德〔九四〕，閻朝隱。

閎　周文王四友，一曰閎夭。漢有閎孺。

鬭　《左傳》有大夫鬭緩〔九五〕、鬭伯比，又有鬭穀，字於菟，即楚令尹子文也。後有鬭丹、鬭廉。

闞　漢有荆州刺史闞翊。後漢有闞宣。

闉　《左傳》楚大夫闉輿罷。

閽　《周禮》："閽人，守王宫者，所以止扇謂之閽。"漢有閽孺。唐有閽輔奴。《急就章》有閽并訢〔九六〕。

闞　《左傳》齊大夫闞止。吴有闞澤。唐有闞稜。

閼　音遏。閼伯之裔。

間　出自唐叔之後。王僧孺《百家譜》云："有間德興。"

間丘　《左傳》有間丘嬰。晋有間丘仲。

闞門　《史記·儒林傳》有闞門慶忌。

鬭門　《左傳》有陳大夫鬭門氏。

問弓　○閻闞○　鬭于　皆出《姓苑》。

聞人　後漢有司徒沛國聞人襲。梁有聞人蒨。《風俗通》又云："少正卯，魯之聞人也，其後氏焉〔九七〕。"

聞○闇○問○閧　音艱。闖于委切。五氏皆出《姓苑》。

户三十六

房　清河房氏。堯子丹朱封於房，子孫以爲氏。漢有房鳳。後漢有司空房植。後魏房法壽。《北齊·儒林傳》有房豹。隋有房彦謙。唐太尉房玄齡、房千里。

扁　音辮，盧毉扁鵲是也。《莊子》有扁慶子。

肁　音肇。《戰國策》有趙大夫肁賈。

扂　胡臈切。見《姓苑》。

扈　《風俗通》云：趙有將軍〔九八〕扈輒。

扈地干　虜三字姓。出《後魏書》。

宀彌先切。三十七

宋　廣平宋氏。出自殷微子啓，封於宋，子孫以爲氏。楚有宋玉。漢宋昌。後漢宋弘、宋均。晋有宋纖。唐宋璟、宋申錫、宋之問。

宣　雲陽宣氏，宋宣公之後。《漢·年表》有南安侯宣虎，漢司徒宣秉，又《黨錮傳》有宣褒、宣靖。吴有宣騫，母化爲黿者。

宣于　前趙劉元海有太史令宣于修之。

甯　《春秋公子譜》："甯氏，出自衛武公之後。古有甯越，爲周成王師。衛有大夫甯武子。"《列仙傳》有甯封。後周河陽令甯詡。

容　黄帝臣有容成，一云容成公。《禮記》有徐大夫容居。

密　姬姓也。漢有尚書密忠。

宿　風姓也。漢有雁門太守宿詳。

寪　于委切。《左傳》魯大夫寪氏。

宛　《左傳》有大夫宛春。《史記》有宛孔氏〔九九〕。

宜　《左傳》有陳大夫宜咎。

宰　周大夫宰孔之後。孔子弟子宰予。漢有華陰人宰縉，好黄老。

宰父　複姓。孔子弟子宰父黑。

褰、騫　並音愆。《姓苑》云："褰，出蜀郡。騫是孔子弟子閔子騫。"後吐谷渾有視熊博士金城騫包。

宗　南陽宗氏。宗卿周伯〔一〇〇〕之後也。後漢司空宗堪，又《黨錮傳》有宗慈。蜀有宗預。宋有宗炳，爲東林十八賢。唐宗楚客。

宗正　《南燕録》有"宗正，名謙，善卜相"。

宗伯　漢有宗伯風〔一〇一〕。

實　《姓苑》云："實沈之後。"

蹇　秦大夫蹇叔之後有蹇蘭。後漢有蹇碩。古有牉媒蹇脩。

家　《左傳》周大夫家甫。漢有家羡，爲劇令。

審　漢有辟陽侯審食其。

寒　周武王子寒侯之後。《左傳》有寒浞。一云后羿之臣。後漢有博士魯國寒朗。

宫　《左傳》有虞大夫宫之奇。魏有宫延和。

安　漢有太守安成。唐有安金藏，剖心者。

安期　《神仙傳》有安期生。

安丘　漢有安丘望之注《老子》。

安陵　《戰國策》有安陵丑。

安都　出《姓苑》。

賔　《古今人表》有賔媚人。《左傳》有大夫賔須〔一〇二〕，賔孟。

賔牟　《禮記》有賔牟賈。

宇　出《姓苑》。

宇文　虜姓也，出自炎帝之後。鮮卑呼草爲俟汾，因嘗草有功者賜俟汾氏。後以夷夏音訛，遂稱宇文。又《後周書》云："炎帝爲黄帝所滅，子孫遁居朔野，其先普回狩得玉璽，其文曰：'皇帝之璽'，普回以爲天授，獨異之，其俗謂天爲宇文，因号宇文氏。"後周太祖之姓也，按此説乃是掌史者欲異其國姓乃假玉璽之説，其實即俟汾也。周有宇文貴、宇文虯。隋有宇文慶、宇文述。

容成　在"容"字下注：一云複姓，蓋古帝号也。

室中　《漢書·藝文志》有室中周著書十篇。又《諸侯〔一〇三〕年表》有清簡侯室中同。

室孫　出《姓苑》。古有室孫子著書。

宥連　見《後魏書》。

宿六斤　虜三字姓。

密革〇密茅〇密須　三氏並見《姓苑》。

官〇守〇察〇寛〇寥〇塞〇寧　七氏並史傳無聞。

穴三十八

竇　《風俗通》云："夏帝相遭有窮之難，其妃方娠，逃出自竇，而生少康，子孫以爲氏。"漢有竇嬰。後漢二十八將有竇融，融生固，曾孫憲，憲生武，武生章。唐有竇威，竇易直。

竇公　《風俗通》："魏文侯時有樂人竇公氏，獻《古文樂書》一篇〔一〇四〕。"

空桐○空相　二氏並漢複姓。

山三十九

山　河内山氏。《周禮》有山師之官，後以爲姓。一云古帝列山氏之後。晋有山濤，濤子簡。後魏山强。宋山謙之。

崇　《姓苑》云："崇侯之裔。"

嵩　或作崧。《史記》有嵩極玄子。

崔　齊太公孫食菜於崔，其後氏焉。崔杼，其先也。後漢崔篆，篆子駰，駰子瑗，瑗子寔，皆顯名于世。梁崔慰祖。北齊〔一〇五〕崔浩。唐相崔祐甫，又崔植，崔融，崔慎由。本傳云："崔氏自唐大中已後，二品至五品昆仲子弟紆組拖紳，由宰相至踐臺閣、歷藩鎮者三十餘人，最爲盛族。"

岑　古有岑子國，國人以爲氏。後漢二十八將有岑彭。唐中書令岑文本，又岑羲、岑晊、岑參。

岽　《西京雜記》："長安有岽虯。"

嶭　音孽。《姓苑》云："本姓薛，避仇改焉。"

岐　《姓苑》云："黄帝時岐伯之後〔一〇六〕。"

嶲　音攜。出《姓纂》。

出連　《西秦録》有丞相出連乞都〔一〇七〕。

崎丘 出《姓苑》。

水四十

水 出《姓苑》。

水丘 漢有司隸校尉水丘岑。

沓盧 出《後魏書》。

淵 《風俗通》有齊大夫淵湫〔一〇八〕。

湯 子姓也，封於商。宋有沙門湯惠休。

汲 漢有汲黯，濮陽人。七世爲鄉大夫。

洼 後漢有大鴻臚洼丹。

涓 《列仙傳》有涓子古〔一〇九〕。

汪 本汪芒氏之裔也。《左傳》有汪錡。

湛 東漢大司農湛重。晋陶侃母湛氏，又有湛方生。宋有湛茂。

浩 又音藁。漢有青州刺史浩賞。吴有都尉浩周。

浩星 漢有魯人浩星公，治《穀梁》。

渾 音魂。《左傳》：鄭大夫渾罕，衛大夫渾良夫。唐太尉渾瑊。

灌 漢有灌嬰、灌夫。

洪 本姓共。共工氏之後，改姓洪。晋太守洪規。

沖 《風俗通》有〔一一〇〕博士沖和。

沈 式飪切。周文王第十子耽季食菜於沈，即汝南平輿沈亭也，子孫以爲氏。宋沈約。晋沈充謂之沈郎〔一一一〕。宋沈懷文。唐沈既濟、既濟子傳師。又有沈佺期。南唐沈彬。

法 《左傳〔一一二〕》齊襄王法章之後。秦滅齊，子孫不敢稱國姓，故以法爲氏。東漢有法雄、法真、法正。

汝 湯有賢臣汝鳩，汝方。《左傳》晋大夫汝寬，齊大夫汝賈。漢諫議大夫汝隨。

江 顓頊玄孫伯益之後，封於江陵，爲楚所滅，後以國爲氏。又嬴姓十四氏之一别望也。漢有江充。後漢江革。晋江逌。宋江夷、江智淵、江智深。齊江湛、江祐。梁江淹。陳江總。並有列傳。

池 漢有中牟令池瑗。又有池仲魚，城門失火，燒死。諺曰："城門失火，殃及池魚。"

滿 《百家譜》云："陳胡公滿之後也。"《姓苑》云："本荆蠻瞞氏，後誤書，因稱滿。"魏有滿寵，又〔一一三〕有滿奮。

漏 《姓苑》云："代掌刻漏之官以爲氏。"

源 史禿髮傉檀之子，入後魏，魏太祖曰："與卿同源，可爲源氏。"遂稱源賀。《史》有源涉。隋有源雄。唐有源乾曜〔一一四〕。

潘 滎陽潘氏。周文王〔一一五〕畢公之子曰季孫，食菜於潘水，因以爲氏。《左傳》楚大夫潘尫。吴有潘璋、潘濬。晋潘岳、潘尼。唐潘孟陽。

潞 賈逵注《國語》云："夷狄姓也。"《左傳》有潞子。

渦 《三輔决録》有扶風太守渦尚。

沐 漢有東平太守沐寵。魏有循〔一一六〕吏沐竝。

洨 音爻。《漢書》："洨〔一一七〕孔車收葬主父偃，當時稱爲長者。"

濁 《史記·殖貨志》〔一一八〕："濁氏以賣脯而連骑。"

濯 《風俗通》漢有濯輯。

液 《急就章》有液客調。

洛 《後魏》有官官〔一一九〕洛齊。

淖 音奴教切。《漢》："魯共王美人淖姬。"

滑 《姓苑》云："東郡白馬滑氏，姬姓也。"《左傳》有衛大夫滑羅。漢有詹事滑興。

浪 《姓苑》云："晋永嘉中，張平保青州，爲其下浪逢所殺。"

染 石勒將有染閔。

浦 晋《起居注》有浦選。

渫、洩 二氏同音薛。古賢者渫子。《左傳》鄭大夫洩駕，又〔一二〇〕有洩冶。

澓　音復。漢宣帝時有東海澓仲翁。

湝　音告。《左傳》有大夫湝竈。

激　《史·淮南王傳》有激章〔一二一〕。

汜〔一二二〕　音帆。出燉煌郡。皇甫謐云："本姓凡，遭秦亂，避地泛水，因改焉。"亦音似，非姓也。漢有汜勝之。晉有汜毓。又有逸人汜騰者。

沃　太甲子沃丁之後。《列仙傳》有沃焦。

潚　音肅。漢有潚河。

泠　音伶。《古今人表》有下相侯泠耳。《左傳》有周大夫泠州鳩、秦大夫泠至。

泠淪　《漢書·古今人表》：泠淪氏，始造十二律者。《樂書》作"伶倫"，在人部。

沮　七余切。黄帝時史官沮誦。

酒　《匈奴傳》："肅州酒泉郡，始因鑿井，井味如酒，其俗以爲氏。"

涉　《左傳》晉大夫涉佗。《神仙傳》有涉正。

涉其　《左傳》楚大夫涉其〔一二三〕帑。

漆　古有漆沉爲魯相，一云漆室女之後。《左傳》："長狄僑如，本鄋瞞之國，姓漆氏。"又有漆澄。

漆雕　孔子弟子漆雕開。

減　漢有減宣。

涼　《魏志》有太子傅山陽涼茂。

泱　出《姓苑》。

沙　《風俗通》："晉有沙廣。"又百濟八族，其一曰沙氏。

沙咤〇沙陁　二氏，《姓苑》云："皆出百濟。"

温　太原温氏。唐叔虞之後，受封於河内温，遂以爲氏。《春秋公子譜》又云姒姓。晉有温嶠、温羡。後魏有温子昇。唐有温大雅、弟中書令彦博，又侍御史温造，温庭筠。

温伯　《莊子》有温伯雪〔一二四〕。

泥 《左傳》：宋大夫卑泥之後〔一二五〕。

泉 後周有泉企封公。

涂 漢有御史大夫涂禪〔一二六〕。

塗山 《帝紀》云："塗山氏，禹之妻，夏啓之母姓也。"

淳于 史有淳于髡，淳于意。晋有淳于智，後漢袁紹大將軍淳于瓊。

澹臺 夫子弟子有澹臺滅明。

濮陽 《風俗通》有長沙太守濮陽逸〔一二七〕。吴相濮陽興。

涇陽 秦涇陽君之後有駙馬都尉涇陽犨。

浮丘 《列仙傳》有浮丘公。

沮渠 《載記》："北凉沮渠蒙遜者，其先匈奴官号，後爲氏。"

沈猶 上直深切。魯有沈猶氏，常朝飲其羊。

渴侯 虜姓，後改爲緱氏。渴單 後改爲單氏。渴燭渾 後改爲朱氏。已上三姓，並出《後魏書·官氏志》。

混沌 古天子号，亦有以爲氏者，見《姓苑》。

温稽○温孤○泥丘○淮夷 四氏亦見《後魏書》。

没路真 虜三字姓。

湳 奴敢切。溒 音袁。潾 音鄰。汻 呼郎切。涳 女江切。溺○況○注○洋○涂○漢○灊○清○澤○海○濮○沛○洗○淡○濟○流○澧○淳 凡二十四氏，並出諸家姓書。〔一二八〕

游 注在辵部。

須 注在彡部。

冫音冰。四十一

冷 《年表》漢元時有冷廣，封忠侯。《後漢書·方伎傳》有冷壽光。《前燕録》有徐州刺史冷道〔一二九〕。唐有詩人冷朝陽。

馮　《史記》："畢公高之後，食菜於馮，因而命氏。"《左傳》鄭有大夫馮簡子。韓有馮亭，爲上黨太守。孟嘗君客有馮諼。漢有馮奉世、奉世子野王，又有馮唐。後漢二十八將有馮異，又馮勤、馮魴父子三世爲侍中，又有馮衍。晋有馮紞。北燕馮跋〔一三〇〕，都中山。唐有馮宿、馮定。五代時有瀛王馮道。

冶　《左傳》衛大夫冶廑。

凌　《周禮》："凌人，掌冰官之後，從爲氏。"吴有將軍凌統。

次　本從二，今附此。荆有勇士次非。

風四十二

風　太昊之後也。黄帝四臣，其一曰風后。

鳳　見《姓苑》。

雨四十三

雲　《姓苑》云："縉雲氏之後。"《隋書》太子勇，次妃雲氏。

雷　後漢雷羲。晋雷焕。宋雷次宗，爲東林十八賢。

霸　《益部耆舊傳》有霸栩。

露　漢有上黨都尉露平。

靈　《風俗通》云："齊靈公之後。"《春秋公子譜》云："宋文公生公子龜，字靈，故曰靈氏。"《左傳》有餓人靈輒。《漢·功臣表》有陽羡侯靈常。《左傳》有越大夫靈姑浮。

霞露　複姓。霜○雺　音　零〔一三一〕　四氏皆出《姓苑》。

日四十四

景　本與楚同族，羋姓也。後自稱景氏。《風俗通》有景鳳〔一三二〕。楚景差。秦寺人景監。後漢二十八將景丹，又有景鸞。

星　《羊氏家傳》：南陽太守羊續，娶濟北星重女。

晏　《姓苑》云："齊桓公族之号。後有晏桓子，世爲卿大夫，生子曰嬰，爲桓公相，著《春秋》。"後漢有司隸晏稱。

晁　《左傳》衛大夫史晁之後也。漢有晁錯。

昭　《姓苑》云："屈原之族〔一三三〕也。楚有大夫昭奚恤。"

昭涉　《年表》有平州侯姓昭涉，名掉尾。

明　《山公集》有平原明普。宋明僧紹。梁明山賓。唐明崇儼。

曠　《姓苑》云："師曠之後也。"

時　《魏志》良吏時苗。

督　《風俗通》：漢有五原太守督瓊〔一三四〕。一名瓚。

晋　周武王之後也。《傳》曰："邘晋應韓武之穆也。"魏國有晋鄙。

智　晋有智伯。漢有零陵太守智嗣。

昝　彭城昝氏，出《姓苑》。

晵　音啓。後燕有將軍晵倫。亦在口部注。

暭　《姓苑》云："本武落山黑穴中出四姓，暭是其一。"

曹　文王十六子封十六國，曹叔振鐸第十一。又云：本顓頊玄孫陸終之子，居六安，是爲曹姓。蓋其望兩出。魏武作《家傳》不本顓頊而本曹叔，是也。《史》有刺客曹沫。漢丞相曹參。後漢曹褒。魏曹植、洪、休、真、仁。晋有曹攄、曹毗。唐曹憲。

昔　《風俗通》："漢有烏陽〔一三五〕令昔登。"

曹丘　漢有曹丘先生。

曹牟　《先賢傳》有兖州刺史曹牟君卿。

昊英　古天子号，世有以爲姓者，見《姓苑》。

是人　《北齊書・方伎傳》："由吾道荣授學於是人氏。"

是云　《西魏書》有開府是云寶。

是連〇是婁〇是賁〇昨和　四氏並出《後魏書》。

㫚〇晋　音亞。昊　三氏並見《姓苑》。

春　解在𡗗部。

是　解在"氏"字下。

昌　在日部。

夕四十五

夕　《漢書》："巴郡蠻渠師〔一三六〕七姓，一曰夕。"蜀有尚書令夕斌。

名　《風俗通》云："楚大夫彭名之後也〔一三七〕。"

飒〇埅〇夙　並音肅。三氏皆出《姓苑》。

夙沙　神農時夙沙氏之後。《左傳》有齊大夫夙沙衛。《漢書・功臣表》有夙沙掉尾。掉尾有兩出，一云昭涉掉尾，當是《漢書》誤。日部亦存之。

望〇夜　二氏並出《姓苑》。

校勘記

〔一〕據段朝瑞《邵氏姓解辨誤》（以下簡稱段本），"武"當作"成"。

〔二〕"凊"，疑爲"清"字。

〔三〕據段本，鄭無侯獳，當爲曹伯之豎侯獳。

〔四〕據段本，"宋"當爲"晋"。

〔五〕據段本，"仲顔"非複姓。

〔六〕《玉函山房輯佚》補編本《後趙録》無此條。

〔七〕《叢書集成》初編本《風俗通姓氏篇二卷》(漢應邵撰，清張澍輯並注)(以下簡稱叢書本《風俗通》)“伉”作“抗”。“漢中大夫”作“漢中太守”，據段本，“漢中太守”爲是。

〔八〕此處疑有脱誤。

〔九〕據段本，晋惟卜偃，無“伯偃”。“伯邑考”見於《檀弓》，未載於《左傳》。

〔一〇〕此處闕“陳”字，《古逸叢書》本《姓解》(以下簡稱《古逸叢書》本)正作“楚陳大夫”。

〔一一〕叢書本《風俗通》未注“八篇”之説。

〔一二〕《風俗通義校注》本(漢應邵撰，王利器校注)(以下簡稱校注本)“太守”作“刺史”。

〔一三〕“偏”，鈕树玉校定《急就章》作“遍”，并注明顔師古注本作“偏”。“偏張吕”，《急就章》作“遍吕張”，《古逸叢書》本正作“偏吕張”。按：偏吕張，非人名，此處當誤。

〔一四〕叢書本《風俗通》無此條。

〔一五〕叢書本《風俗通》、校注本“倉”作“蒼”。

〔一六〕據段本，“支”當作“友”。

〔一七〕據段本，“滑”當作“猾”。

〔一八〕據段本，《論語》“播”後有“鞉”，不當爲武之姓。

〔一九〕《漢書·藝文志》載：“《捷子》二篇。齊人，武帝時説。”

〔二〇〕據段本，“摸”皆當作“模”。

〔二一〕段本據顔師古注認爲“蹛”不當爲姓。

〔二二〕叢書本《風俗通》“社南氏”“社北氏”分作二條。

〔二三〕此句疑有脱誤。

〔二四〕段本指出《廣韵》及本書“員”氏下引此，不作“覞”。

〔二五〕據段本，“秦”誤，當爲戰國趙人。

〔二六〕段本據讀音，認爲當作“毋”，不宜列“母”及“母”義。

〔二七〕叢書本《風俗通》“期氏”下原文爲：“楚期思公復遂之後，有去思者單爲期氏。”

〔二八〕“後”字衍，當爲“《魏書》”。“骨”當爲“胡”。《魏書·官氏志》載此，“骨氏”作“胡氏”。

〔二九〕據段本，“申”當爲“甲”。

〔三〇〕校注本載此爲“晋有功景”。

〔三一〕《世本八種》僅雷學淇校輯本收有此條。

〔三二〕據段本，“右”當作“左”，“宋文公”當作“齊桓公”。《梁書·豫章王綜傳》載此，“勃”作“悖”。

〔三三〕據段本，“奚斯”爲字，非姓。

〔三四〕叢書本《風俗通》“漁陽”作“漢陽”。

〔三五〕據段本，《左傳》未載此人。

〔三六〕據段本，“瞞鄭”爲“鄭瞞”倒文。

〔三七〕叢書本《風俗通》、校注本未加“一云名陽”。

〔三八〕“藉”，當作“籍”。

〔三九〕據段本，“生”字衍。

〔四〇〕據段本，“頯”不爲姓。

〔四一〕《玉函山房輯佚》補編本《前燕録》無此條。

〔四二〕段本指出“息夫”爲複姓。

〔四三〕《玉函山房輯佚》補編本《後燕録》無此條。

〔四四〕叢書本《風俗通》無此條。

〔四五〕“丞相”《吴志》原文無，爲邵思所加，故加括号區别之。

〔四六〕《周書·怡峰傳》作“本姓默台”，此處闕“台”字。《古逸叢書》“默”後有“台”字。

〔四七〕據段本，“慎潰”爲複姓。

〔四八〕叢書本《風俗通》無此條。

〔四九〕《玉函山房輯佚》補編本《西秦録》無此條。

〔五〇〕據段本，“曾孫”當爲“從曾孫”。

〔五一〕校注本“計訓”作“計子勳”，叢書本《風俗通》無此條。

〔五二〕叢書本《風俗通》“涣”作“瓊”。

〔五三〕此處《吴志》爲裴松之注中所引《吴書》内容，内容有小異。

〔五四〕據段本,《孟子》無此人。

〔五五〕叢書本《風俗通》作“顓帝子老童之後也”。校注本有“《左傳》”句,無“盧”字。段本亦指出“盧”爲衍字。

〔五六〕《世本八種》孫馮翼集本、陳其榮增訂本“老成方”均作“考成方”。

〔五七〕叢書本《風俗通》、校注本均無此條。段本指出“少”當爲“小”。

〔五八〕“亦在水部收”,《古逸叢書》本作“亦收在水部”。按:全文凡三處亦收情況,餘二處皆作“亦在某部”,故此處北宋景祐本爲是。

〔五九〕“志”,《古逸叢書》本作“傳”,是。“殖貨”,當作“貨殖”。

〔六〇〕據段本,“食”爲“蒼”之誤。

〔六一〕據段本,“嫣説”姓“韓”,“嫣”非姓。

〔六二〕據段本,“甘”前脱“苟”字。

〔六三〕《漢書·古今人表》原文爲:“鮌妃,有莘氏女,生禹。”

〔六四〕段本指出,“子韋”出自《淮南子》,非《左傳》。

〔六五〕段本指出,“曾耳”爲“惠孫”之子。“吴太帝”之“太”當作“大”。

〔六六〕孔述睿當爲唐人。

〔六七〕據段本,“伯子”出自《論語》,非《家語》。

〔六八〕段本指出,“陽”爲“揚”之誤,“侯”爲衍字。叢書本《風俗通》“步氏”條作“漢有下邳主簿步邵南”。與此異。

〔六九〕據叢書本《風俗通》、校注本,“國過”倒文,當爲“過國”。段本亦同。

〔七〇〕據段本,“餘”前奪“失”字。

〔七一〕叢書本《風俗通》“大司空”作“蒙鄉侯”,校注本“並”作“竝”。

〔七二〕叢書本《風俗通》、校注本“筵”並作“筲”。

〔七三〕據段本,“齊煬帝”當爲“齊煬王憲”。

〔七四〕段本指出,“豹”爲衍字。

〔七五〕據段本，“襄”後脱“子”，且應置於後。按：“趙宣子”即“趙盾”，此處重出。

〔七六〕《玉函山房輯佚》補編本《姓苑》無“自”字。

〔七七〕段本指出，《蜀志》無此人。據《蜀書》，“傅”當作“博”。

〔七八〕據《陳書·徐陵列傳》，“子”當作“父”。

〔七九〕叢書本《風俗通》無此條。

〔八〇〕叢書本《風俗通》“事”作“居”，校注本“氏於事者”作“姓於氏者”。

〔八一〕段本指出，《廣韵》及他姓書均無“垝”字，疑誤。

〔八二〕據《舊五代史》卷五十八《唐書》，“鄭珏”爲後唐人，非唐人，也非相。

〔八三〕據新、舊《唐書》，只有婁師德、張師德，無“邵師德”。

〔八四〕段本指出，漢始置“河間”國，周無此地。《姓解》混周“邢侯”、漢“邢辟直道”爲一人。

〔八五〕“鄺”後脱“道”字。

〔八六〕段本指出，春秋時無“太守”官名，“牟”上脱“彌”字。

〔八七〕叢書本《風俗通》、校注本“夏居正”作“夏車正”。

〔八八〕“封分”疑爲“分封”之倒文。

〔八九〕段本認爲“郳”不爲姓。

〔九〇〕叢書本《風俗通》無此條。

〔九一〕段本據《後漢書》，“伯”當爲“大”。

〔九二〕“逄”爲“逢”的異體字。

〔九三〕叢書本《風俗通》未加“子孫有姓闞者”。校注本“闞陽”作“闞並”。

〔九四〕“閻立本、弟立德”，《古逸叢書》本作“閻立德、弟立本”，按：“閻立德、弟立本”爲是。

〔九五〕段本指出，“綏”爲“緍”之訛。

〔九六〕段本指出，“閤”爲“閎”之訛。“訴”當作“訢”。

〔九七〕叢書本《風俗通》無此條。

〔九八〕叢書本《風俗通》没有"將軍"二字。

〔九九〕段本指出,"孔宛氏"不宜爲姓"孔"姓。

〔一〇〇〕"宗卿周伯",《古逸叢書》本作"周卿宗伯",按:作"周卿宗伯"爲是。

〔一〇一〕據段本,"凬"當作"鳳"。

〔一〇二〕《古逸叢書》本"須"後多一"無"字,作"賔須無"是。

〔一〇三〕"諸侯",《古逸叢書》本作"功臣",作"功臣"是。

〔一〇四〕叢書本《風俗通》"《古文樂書》""書"前多一"詩"字。

〔一〇五〕"齊",《古逸叢書》本作"魏",作"魏"是。

〔一〇六〕《玉函山房輯佚》補編本《姓苑》"岐時氏"下載此。

〔一〇七〕《玉函山房輯佚》補編本《西秦録》無此條。

〔一〇八〕叢書本《風俗通》無此條。

〔一〇九〕《古逸叢書》本無"古"字,作"涓子"是。

〔一一〇〕叢書本《風俗通》、校注本"有"字前有"漢"字。

〔一一一〕"沈郎"當爲"沈約"。

〔一一二〕段本指出,"《左傳》"當爲"《战國策》"。

〔一一三〕"又",《古逸叢書》本作"晋"。按:滿奮,魏晋時人,後仕進晋朝。

〔一一四〕句首"史"字衍。段本指出,《史記》"源"作"原"。

〔一一五〕據段本,"文王"後脱"子"字。

〔一一六〕"偱"爲"循"的異體字。

〔一一七〕據段本,"洨"不爲姓。《漢書》"孔車"前無"洨"字。

〔一一八〕"志",《古逸叢書》本作"傳"爲是。"殖貨",當作"貨殖"。"《史記》",《古逸叢書》本作"《漢書》",按:《史記》、《漢書》的《貨殖傳》都載有"濁氏"。

〔一一九〕據段本,前"官"當作"宧"。

〔一二〇〕"又",《古逸叢書》本作"陳",作"陳"是。

〔一二一〕據段本,《史記·淮南王傳》無此人。

〔一二二〕"汜"當爲"氾"。氾音帆。汜,"音似,非姓也"。

〔一二三〕據段本，“涉其”非姓。

〔一二四〕據段本，“雪”後脱“子”字。

〔一二五〕據段本，《左傳》無此人。

〔一二六〕據段本，“禪”當作“憚”。

〔一二七〕叢書本《風俗通》無此條。

〔一二八〕所引二十四氏中，《玉函山房輯佚》補編本佚名《姓書》順次引有二十三氏，另一氏“汎”無，有“況”。此外，二十二氏前還多“没”、“真”二氏。疑《諸家姓書》即《姓書》。

〔一二九〕《玉函山房輯佚》補編本《前燕録》無此條。

〔一三〇〕“躍”，原文作“趺”，《古逸叢書》本作“跋”，按：作“跋”爲是。

〔一三一〕“零”字當爲小字内容，“音零”爲“霝”的擬音。

〔一三二〕叢書本《風俗通》無此條。

〔一三三〕《玉函山房輯佚》補編本《姓苑》“族”作“後”。

〔一三四〕校注本“瓊”作“瓚”。

〔一三五〕叢書本《風俗通》、校注本“陽”並作“傷”。

〔一三六〕《古逸叢書》本“師”作“帥”，作“帥”是。

〔一三七〕叢書本《風俗通》無此條。

姓解卷第二

草四十六

黄　黄字不從草，今附於此。初陸終之後，受封於黄，因以爲氏。亦嬴姓十四氏之一。楚有春申君黄歇。漢有黄霸。後漢有黄香，香子瓊，瓊孫琬。又有黄昌。吴有黄蓋。魏有黄權。

葛　葛之初，古帝號也。葛伯不祀，爲湯所征，遂失其國，子孫氏焉。後漢有潁川太守葛興，又有葛龔。吴有葛玄、葛洪。

荀　潁川荀氏。有二出。其一，黄帝十四子之一姓也。又周文[一]庶子封於郇，其後子孫有去邑加草自爲氏者。後又避漢宣帝諱，改爲孫，所著書即《荀卿子》也。《左傳》有荀罃、荀息爲大夫。魏有荀彧、彧子顗，荀攸、荀悦、荀淑，淑生七子并淑号八龍，而爽字慈明，最知名。晋有爽之，曾孫勗爲尚書令。

薛　黄帝十四子其一子任姓，居于薛，世爲諸侯，歷夏商周六十四代，爲齊所滅，子孫有以國爲氏者曰薛，以祖爲氏者曰任。漢有薛廣德、薛宣。後漢[二]有薛綜，綜子瑩，瑩子兼，三世爲太子傅。隋有薛道衡。北齊薛狐[三]延。唐薛仁貴、薛存誠、薛能。又秦王府十八學士有薛收、薛元敬。

董　《風俗通》："本飂叔安之裔子，董父實甚好龍，帝舜嘉焉，賜姓曰董[四]。"《左傳》有董狐、董安于。漢有翟王董翳，又有董仲舒。後漢黄門侍郎董遇。蜀有大儒董扶。唐有董晋。

苴　《漢書·殖貨[五]傳》有平陵苴氏，訾累億萬。

蒼　漢有江夏太守蒼英，史有蒼公。

荼　音途。《漢書·江都王非傳》有荼恬。

范　《姓苑》云："陶唐氏之後也。隋會爲晋大夫，食菜於范，其後氏焉。"《左傳》有范獻子、范山。《史》有范明友、范雎、范曾。越有范蠡。後漢有范滂。晋范汪，汪子甯，爲中書侍郎；范岫，范曄。梁相范雲。

范師　《姓苑》有范師利方。

芮　周司徒芮伯之後。齊景公有妾曰芮姬。

蔚　本作㷉。《姓苑》云："古有蔚繚子著書。"亦作尉。今寸部亦收。後有蔚曠。

藺　西河藺氏。其先周時晋穆公少子，封於韓。韓獻子玄孫曰康，食邑於藺，後遂爲氏。趙有藺相如。宋有藺欽。

芬　《左傳》有晋大夫芬質〔六〕。

蓐　《姓苑》云："蓐收之後。"

蔣　《左傳》云："周公之裔也。"後漢有蔣詡。蜀有大將軍録尚書事蔣琬。宋有蔣子文。唐蔣儼，史臣蔣乂。

蔡　周文王十六子封十六國，蔡叔度第二。叔度爲周公所誅，封其子仲爲後。《史》有蔡墨、蔡澤。漢有蔡義、蔡茂。後漢蔡倫。《儒林傳》蔡玄。又有蔡豹、蔡順、蔡裔、蔡邕。晋有蔡謨。梁有蔡撙。唐十八學士蔡允恭。

苻　音符。《載記》："符洪家池中生蒲，長五丈，其形如竹，因改姓苻氏，即苻堅也。"

蔿　出自堯劉累之後。周宣王殺杜伯，伯子隰〔七〕奔晋爲士師，子蔿伯爲晋司空，後遂以爲氏。《左傳》有楚大夫蔿啓彊。

萊　《左傳》有萊章、萊駒。

莫　《左傳》楚大夫莫敖。漢有富室莫氏。後魏有莫題。

薙　音替。《周禮》："薙氏掌芟草者。"後有薙氏。

華　殷湯之後。宋戴公考父食菜於華，後氏焉。《左傳》有大夫華費、華元、華督。魏有司徒華歆，又有方伎華佗。吴有華覈。晋有華嶠、華廙、華諒。

苑　於元切。《左傳》有齊大夫苑何忌。後漢有太山太守苑康。

藥　後漢有南陽太守河内藥崧，太尉椽〔八〕藥穆。唐御史中丞藥子昂。

藍　《戰國策》有中山大夫藍諸。

茹　音如。《後魏書》："普陋茹氏，後單姓茹氏。"南齊有茹法亮。

苗　楚大夫苗〔九〕棼之後有賁皇，後食菜於苗，因而氏焉，是曰苗賁皇。唐有苗晋卿、神客。又百濟六氏其六曰苗。

茅　姬姓也。《左傳》有邾大夫茅夷鴻。秦有茅焦。又有茅氏三兄弟，句曲山仙去者，亦秦〔一〇〕時人。後漢有茅容。

蘭　《左傳》："鄭穆公夢蘭而生，號公子蘭，後以爲氏。"漢有武陵太守蘭廣。

苦　漢有會稽太守苦灼。

蔓　《左傳》楚大夫蔓成然。漢有司議郎蔓部。

芳　《風俗通》："漢有幽州刺史芳乘敷〔一一〕。"

蒲　《風俗通》："漢有倉事蒲昌。〔一二〕"

堇　《左傳》有堇父〔一三〕。

菑　後漢有北海菑壯。

英　《漢書》有英布，因黥而王，後改姓黥。

蘇　武功蘇氏。本高陽之子重黎，生祝融，其孫昆吾封於蘇，今之鄴郡，一云扶風。《左傳》有蘇□〔一四〕生爲周司寇。《史記》有蘇代、秦、建、厲。漢蘇武爲麒麟閣功臣。後漢蘇章。後周有蘇綽，綽生威，威生夔，夔生勗，勗生亶，亶生瓌，瓌生頲，至唐七葉冠冕，内四人拜相。唐秦王府十八學士有蘇勗、蘇世長。又有蘇味道、定方、環、頲〔一五〕。

萬　音矩。漢有萬章。

莒　嬴姓也。《左傳》楚大夫莒伯。漢有緱氏令莒誦。

萊　《左傳》有晉大夫萊成〔一六〕。

薳　《左傳》楚有薳大夫。

茨　《姓苑》："後漢有茨光。"

茀　音弗。《姓苑》云："齊襄公有作屨者茀氏。"

苫　失廉切。《左傳》魯季氏家臣苫夷。

莽　前漢叛者馬何羅，後漢明德馬皇后耻與同族，改爲莽氏。

䔲　音多。漢有䔲宗。

葴　之林切。黄帝十四子之一姓。《左傳》有葴〔一七〕尹。

薄　《漢書》："文帝母薄姬，舅爲將軍曰薄昭。"

薄奚　後漢虜姓。

萇　《左傳》周大夫萇弘。

藹　晉有南海太守藹奂。

蘧　衛有蘧伯玉。

苟　《姓苑》：黄帝之子有居河内者地多苟杞，因以爲氏。漢有苟參。晉有苟晞。宋有苟倫。

葉　又音攝。《姓苑》云："下邳葉〔一八〕公名諸梁，本楚大夫也，食菜於葉，後爲氏。一云即好龍者。"《古今人表》有葉公子高。《吴志・孫堅傳》有都尉葉雄，唐有葉法善。

蕩　《春秋公子譜》："宋桓公子蕩，故稱蕩氏。"

莊　衛莊姜，齊女也，爲莊公夫人。六國時有莊周，著《南華真經》。

艾　《風俗通》云："龐儉母艾氏。"《南燕録》有"牙門將艾汪"。後漢有孝廉艾伯姬〔一九〕。

蒙　秦將蒙驁生子曰武，武子括，括弟毅、恬〔二〇〕，皆事秦。

萬　亦作万。周武王以万人服天下，故有万氏。孟軻門人萬章。後漢二十八將有萬脩。吴丞相萬彧。

芒　亦音忙。史有魏相芒卯〔二一〕。

蕃　音皮，《後漢書・黨錮傳》有蕃嚮。

若　《左傳》有大夫若敖。

芊　音耳。顓頊之後，楚姓也。秦襄王母曰芊太后。

慕容　《前燕録》："昔高辛氏游於海濱，留少子厭越以居北夷，邑在紫蒙之野，號曰東湖〔二二〕。西漢時爲匈奴所敗，分保鮮卑山。至魏初其王莫護拔，率部落入居遼西，燕代多冠步摇冠，拔好之，乃斂髮襲冠，諸部因謂之步摇。後音訛轉爲慕容。"後魏太原王慕容道宗。前燕慕容儁都薊。後燕慕容垂都中山。南燕慕容德都廣固。

慕輿　《前燕録》又有慕輿虔。

落下　《益部耆舊傳》有落下閎，善曆數。

落姑　漢有博士落姑仲異。

黄公　秦有博士黄公疵。

藉丘　《左傳》齊有藉丘子鉏。

苞丘　《姓苑》:"楚有苞丘先生。"

著丘　《左傳》莒有著丘公。

莊丘　《姓苑》:"有莊丘黑。"

菑丘　《風俗通》:"齊有勇士菑丘訢〔二三〕。"

蔡丘　《姓苑》:"有蔡丘欣〔二四〕。"

莫者　《西秦録》有"左衛將軍莫者羖羝"。

莫侯　《姓苑》有"涼州刺史莫侯悌眷"。

莫折　後魏有亂寇莫折念生。

茨茈　《姓苑》:"晋有茨茈仲。"

蔣匠　《姓苑》:"漢有曲陽令蔣匠熙。"

蒲盧　《姓苑》:"古有蒲盧胥，善弋。"

葉陽　《姓苑》:"秦葉陽君之後。"

苦成　《國語》:"晋郤犨食菜於苦成，後以爲氏。"

英成　《國語》:晋有英成〔二五〕僖子。

菟裘　嬴姓也。秦十四氏之一。○莫盧○莫興○莫胡盧○菟賴○若久○若口引○若干　並音惹。○蒲姑○蒲囿○蒲城○茄羅○蘇農　並羌虜複姓及三字姓。

蔌　音速。茬　音緇。蕳　音漏。萸　音叙。菅　音艱。菌　音卷。莞　音官。莉　音池。芃　音蓬。花○薰○幕○萌○蓺○薦○蒿○葂○暮○荒○蘗○藔、莘　二十二氏並出《姓書》。

舊　在臼字部。

燕　在火部。

蓋　在皿部。

蕭　在聿部。

木四十七

木　廣川木氏。本姓端木，因避難改焉。晉有木華，又百濟八姓其五曰木氏。

格　《東觀漢記》有東平相格班。《唐史》陳留八俊有格輔元。

杜　京兆杜氏，帝堯劉累之後。漢有杜周，周子延年，爲麒麟閣功臣。又有杜欽、杜業。後漢二十八將有杜茂、杜林、杜詩，太尉杜喬，太保杜密。魏有杜畿。晉有杜預、預子錫，杜乂。唐杜淹，侄如晦，五代孫元穎，穎子讓能，能子曉。又有杜暹，杜佑，杜正倫、黄裳、鴻漸、景佺、牧、甫、亞，皆名臣。

椒　《左傳》楚大夫椒舉。

楊　《姓苑》："本周宣王尚父幽王邑諸楊，號曰楊侯，後并於晉，因氏焉。"漢有楊僕、楊喜、楊敞、楊王孫。後漢楊雄，楊竇、震、秉、賜、彪、脩，四世太尉〔二六〕。晉有楊泉。隋文帝姓楊氏。唐相楊綰，楊炎、嗣復、虞卿。

相　息亮切。《漢書》："武落山出四姓，其二曰相氏。"《後秦録》有馮翊相雲作《獵德賦》〔二七〕。

相里　漢複姓。

桓　沛國桓氏。齊桓公之後，以謚爲姓也。魯有桓魋。後漢太子太傅桓榮、榮子郁、郁孫焉、曾孫鸞、玄孫典彬，又有桓寬、桓譚。魏有桓階。晉有桓宣、桓彝、桓温、桓伊、桓沖。唐有桓彦範。

權　《姓苑》："顓頊之後，楚武王使鬬緍尹權，後因氏。"唐有權皋，皋子德輿。

枚　《姓苑》："漢有淮南枚乘，乘子皋。"

檀　太公爲灌檀令，其後氏焉。地在瑕丘。《古今人表》云："檀伯達，周武王臣也。"《禮記》有檀弓。後漢有檀敷。魏有檀紹。晉有檀憑之。宋有檀道濟、道鸞。

樓　夏少康之後，周封其孫爲東樓公，子孫有姓東樓者、有姓樓者。《後漢·儒林傳》有樓望。

杞　姬姓也。夏后氏之後，封於杞。《左傳》："杞伯來朝。"晉〔二八〕有杞梁。又解在"東樓氏"下。

桃　《姓苑》："後趙石勒時有桃豹。"

根　《風俗通》："古賢者根牟子，著書七篇[二九]。"

橋　梁國橋氏。黄帝葬於橋山，守冢者氏焉。後漢太尉橋玄。吴孫策征皖城，得橋公二女。

槐　《姓苑》云："晋大夫富槐之後[三〇]。"

棣　音弟。王莽時有大司馬棣並。

横　《風俗通》云："韓王子成，号横陽君，後以爲氏。"

樹　《後魏書》樹洛干氏，後改賜樹氏。

梓　《左傳》魯大夫梓氏[三一]，明天文。

梅　子姓也。殷有梅伯，爲紂所醢。漢有梅鋗。後漢有梅福。晋有梅陶。

松　隋有松贇，北海人，有重名，没於王事。

栢　古帝柏皇氏之後，有栢亮爲顓頊師，栢招爲帝嚳師。西晋趙王倫母曰栢夫人。唐有處士栢耆。

校　《周禮》："校人之後以爲氏。"

桂　《姓苑》云："後漢《太尉陳球碑》陰[三二]有城陽炅横，漢末被誅。有四子，一守墳姓炅，一避難居徐州姓昋，一居幽州姓桂，一居華陽炔，四字各九畫，並音桂[三三]。"

柳　本魯孝公子展之孫，以王父字爲展氏。至展禽，食菜於柳，好行惠，故號柳下惠。其後楚滅柳，柳入楚，楚又爲秦所滅，乃遷晋之解梁，秦置河東郡，故爲河東解縣人。衛有大夫柳莊。齊有柳世隆。梁有柳慶遠。隋有柳機。唐有柳公權、公綽、宗元。

槍　《姓苑》云："趙烈侯賜歌者槍石田各千畝[三四]。"

李　李氏，黄帝之後也。周之前未見。自周有老躭姓李，至晋文公有直臣李離。趙有李兊。秦相李斯。漢李廣、廣子感、感[三五]子當户，李陵。後漢二十八將李通、李忠，又李憲、李膺、李固、李充、李南、李善。晋李喜、李令伯。後蜀主李特。西凉李暠都隴右。唐高祖李氏，又有李密、伯藥、嶠、藩、吉甫、淳風、德裕、紳、綱[三六]、絳、程、晟、願、愬、光[三七]、顔、石、回、揆、翱、宗閔、華、邕、賀、益、白、商隱，並將相顯名、皆在列傳。又李守素、李玄道，爲秦王府十八學士，李靖、李世勣爲凌烟閣二十四功臣。又南唐李氏三世都建康。

集　《姓苑》："漢有外黄令集爲。"

梁　安定梁氏。周平王封少子唐於夏陽梁山，是曰梁伯。後爲秦所滅，子孫以梁爲氏。後漢梁統，統子松、松弟竦，竦曾孫商，玄孫冀。又有逸人梁鴻。魏有梁鵠、梁習。

桀　出《姓苑》。孔子曰："桀溺，隱者也。"

樂　《姓苑》："微子之後。宋戴公四世孫樂莒爲大司寇。後有樂大心，燕將樂毅、樂羊子。"

桐　《本草》有桐君，撰《藥録》兩卷。

巢　《姓苑》："有巢氏之後。"古有巢父，《左傳》有巢牛臣。

桑　《姓苑》："秦大夫子桑之後以爲氏。"《左傳》有桑田巫。漢有桑弘羊。唐有桑道茂，在《方伎傳》。《五代史》有桑維翰。

桑丘　《漢書·藝文志》有桑丘生。

栗　《史記·樂毅傳》有趙相栗腹。漢有長安富人栗氏。

析　音晢。《左傳》衛大夫析木〔三八〕鉏，齊大夫析歸父。《後漢·方伎傳》有析象，通《京房易》，其先張江封析侯，曾孫因封以爲氏。

栗陸　古天子號，有以爲氏。

渠　《左傳》："衛有渠孔禦戎。"

渠丘　《左傳》有渠丘公。

梁丘　《左傳》有梁丘。據《漢》，梁丘賀爲麒麟閣功臣。

梁其　《左傳》有梁其踁，魯伯禽世子梁其之後。

梁餘　晋有梁餘子養。

梁由　晋又有梁由靡。

梁垣　後漢有侍御史梁垣烈，新垣衍之後。

梁成　《姓苑》："汉明帝時有梁成恢，善暦數。"

楊孫　秦大夫楊孫氏。

櫟陽　後漢櫟陽侯景丹，曾孫汾避亂隴西，乃以封爲氏。

梗陽　《左傳》："晋有梗〔三九〕陽巫皋。"

栢侯　《姓苑》："漢有尚書郎栢侯雋。"

校師　上音傚。《姓苑》："鄭有鄉校，子産曰：是吾師也。遂有校師氏。"

枝如　《左傳》有楚大夫枝如子弓。

樂王　《左傳》："晋有樂王鮒。"

木門　《姓苑》："宋公子食菜於木門者〔四〇〕，後以爲氏。"

柯　後魏柯拔氏，後改姓柯。朴　《姓苑》云："巴郡蠻姓。"柄○樛○椹○柘○梧○柱○枕○楂　音槎。枉○楝○杭○楡○杏○柰○桊　音鄒。一十七氏〔四一〕並出《姓書》。

榮　在火部。

欒　自有䜌部。

柴　在此部。

林四十八

林　《姓苑》："魯有林放，又有林國，賢者也，仕哀公。"《莊子》有林回。《漢書·儒林傳》有林尊，爲博士。

林閭　《姓苑》："後漢有蜀郡林閭翁孺。"

樊　《左傳》："殷氏七族，其四曰樊氏。"周宣王封仲山甫於樊，後以爲氏。又《漢書》："武落山出四姓，其三曰樊氏。"史有樊於期，孔子弟子樊遲，樊須。後漢有樊宏、宏子儵。北齊樊遜。漢樊噲。唐樊澤。

楚　顓頊之後也。《左傳》有楚隆。古有賢者楚老。

鬱○禁　並見《姓苑》。

竹四十九

竹　遼西竹氏。孤竹君之後，本姓姜，湯封於遼西，今有孤竹城。至於〔四二〕

夷、叔齊之後，始以竹爲氏。後漢有下邳相竹曾，又有竹晏，皆封侯。

竺　即竹晏也，避仇加二爲竺。東晋有竺恢、竺詮。南齊有竺景秀。

管　平原管氏。周文王十六子封十六國，曰管、蔡、成、霍、召、衛、毛、聃、郜、雍、曹、滕、畢、原、酆、郇，管叔爲第一。《左傳》齊大夫管至，父管仲。魏有管寧、管輅。

篇　《姓苑》："周大夫史篇之後。"

簡　帝嚳妃簡狄生卨。《左傳》有魯大夫簡叔。《蜀志·簡雍傳》云："雍本姓耿，幽州人也，音訛遂轉爲簡，爲將軍。"

箕　周有太師箕子。《左傳》晋大夫箕鄭。

符　《姓苑》："魯頃公孫仕秦爲符璽郎，後以爲氏。"後漢符融。僞秦符堅。後改作苻，在草部。

笮　音側。與"筵"字皆是姓。《吴志》有笮融。

籛　音牋。俗云"作艱切"者非也。《姓苑》云："彭祖姓。"

箴　與"葴"字俱音針。葴在草部。《左傳》魏大夫箴莊子。

籍　《左傳》有晋大夫籍談。

箳耳　上音鈴〔四三〕。虜複姓。

第五　《後漢書·第五倫傳》云："齊諸田徙園陵者多，乃以次第爲氏，遂有第五、第八。"後漢又有新野令第五訪，諫議大夫第五頡。又有第八氏。

第八　見上注。

禾五十

和　汝南和氏，羲和之後也。魏有和洽，洽生嶠，爲晋中書令。五代時有侍中和凝。

稱　《漢書·功臣表》有新山侯稱忠。

穰　《姓苑》："齊大司馬田穰苴，子孫氏焉。"

嵇　《姓苑》云："本姓嵇〔四四〕，避難潛於奚〔四五〕山，因爲氏焉。"晋有侍中嵇紹，紹生〔四六〕康，又有嵇含。

移　《風俗通》："漢有弘農太守移良。"

稚　《史記》云："子姓也，有稱稚氏。"

税　盛弘之《荆州記》："建平信陵縣有税家。"

種　後漢有司徒河南種暠，嵩〔四七〕字音藁。

秣　金陵地名。《姓苑》云："邑人有以爲氏者。"

稽　音雞。《吕氏春秋》："秦有賢者稽黄。"

稷　后稷之後也。出《姓苑》。

稷丘　《神仙傳》有稷丘子。

穆　《姓苑》云："宋穆公之後。"《左傳》有穆伯。漢有穆生，楚元王戊常爲設禮者。《後魏書·穆觀傳》："一門五世，十二人尚公主，最爲盛族。"唐穆寧、贊、質、員、賞五兄弟，有家法者。

程　廣平程氏，重黎之後。周宣王時程伯休父，入爲大司馬，封於程，遂生伯休，乃以封爲氏。秦有程邈。《家語》："孔子遭程子於途，傾蓋，與之束帛。"漢有將軍程不識。《後漢·儒林》有程曾。吴有程普。魏有程昱。唐有程知節，爲凌烟閣功臣，又程名振。

秋　《姓苑》："宋有中書舍人秋當。"

季　《姓苑》："陸終第六子曰季連。後有季狸。"《禮記》："季高爲士師。"《左傳》有季友。《論語》有季康子。漢有河東太守季布，弟心。

季連　《姓苑》又云："鬼方氏子名季連，其後爲氏。"即與陸終之子不同，今兩存之。《風俗通》："晋有棠邑大夫季連齊〔四八〕。"

季瓜　一作騧，《姓苑》云："周八士季騧之後。晋祁邑大夫季瓜忽。"

季隨　亦云周八士之後。宋有季隨逢〔四九〕。

季孫　《左傳》：魯桓公之子慶孫〔五〇〕，後有孟孫、叔孫、季孫，同出桓公，號"三桓"，子孫代爲上卿。又有季孫行父。

秃　《國語》："祝融之後也。"

秃髮　《載記》："秃髮之先曰壽闐，闐在孕時，其母胡掖氏因寢而産於被中，朝鮮謂被爲秃髮，因而姓焉。秃髮烏孤以後魏時稱王。"

和稽○和拔奚　並後魏時虜姓也。

秏○稻○科○秀　四氏並見《姓苑》也。

穀　在殳部。

米五十一

米　《姓苑》："胡人姓也。今南方有米國胡。"

糗　《風俗通》："漢有糗宗，爲嬴長。"

糴　《左傳》晉大夫糴茂〔五一〕。

精婁　虜複姓。

豆五十二

豆　後魏有將軍豆代田。一云豆代，複姓也。

豆盧　《周書·豆盧寧傳》云："其先慕容氏之裔，北人謂歸義爲豆盧，因而爲氏。"後周有豆盧武。唐相豆盧瑑，又有豆盧欽望。

豐　《左傳》鄭穆公子豐之後。又有酆。在邑部。

豎　在立部。

麥五十三

麥　《姓苑》："隋有大將軍麥鐵杖。"

麥丘　齊桓公至麥丘，麥丘人年八十三，祝桓公壽，桓公封於麥丘，子孫以爲氏。

麴　《風俗通》："漢有麴衍[五二]。"後漢有麴聖卿。唐有麴信陵。

数　音蜀。梁四公子数𪏭之後。

食五十四

食　《風俗通》："漢有博士食子公，河内人[五三]。"

餘　《姓苑》云："晋有餘頠。"

饒　漢有漁陽太守饒斌。

飢　《左傳》："殷人七族，其六曰飢氏。"

弓五十五

弓　《風俗通》："魯大夫叔弓之後。"

張　張氏出自軒轅第五子揮，始造弦弧，以張網羅取禽鳥，世掌其職，遂以爲氏。《風俗通》云：張王李趙，皆黄帝之後也。惣十四望。周有張仲。《禮記》有張老。漢有張耳、張良、張釋之、張叔、張蒼、張騫、張湯、張禹、張賀、張辟强、張敞。又自武帝封張安世爲富平侯，圖形麒麟閣，子孫八代冠冕，至後漢張吉無子，國除。後漢别族有張衡、張綱、張奂、張儉。前凉張軌都凉州。魏有張魯、張繡。吴張昭。晋張華。宋張緒。梁張譏、綰，子孫前有敷、演、鏡、暢，後有充、融、卷、稷，並顯名當世。又有張纘、張率、張緬，並爲梁昭明太子及蘭臺兩處十學士，張詮、張野爲東林十八賢，張亮、張公瑾爲凌烟閣功臣。唐又有張仁亶，張説、説子均、垍，又嘉貞、九齡、延賞、東之、建封皆將相。《文苑》則有蔫、蔫祖文成，又張籍。

弭　《三輔决録》有弭伴[五四]。王莽時有弭彊。

彊　後漢有彊華，上光武赤伏符者，又有彊帛。前燕有彊求。北齊有彊練。亦作强。

强梁　《姓苑》："秦有强梁高〔五五〕。"

彌　《三輔决録》："魯〔五六〕大夫彌牟之後有彌叔。"

彌牟　注在上。

彌姐　後秦有將軍彌姐婆觸。

躬　出《姓苑》。

矢五十六

矢　見《姓苑》。

矯　《左傳》晋大夫矯文〔五七〕。《東觀漢記》有矯慎。

知北　《莊子》有知北遊〔五八〕。

刀五十七

劉　彭成〔五九〕劉氏，陶唐氏之後也，封於劉。其後有劉累，學擾龍事，孔甲是其裔也。凡二十五望。劉康公爲周畿内侯，家于沛，數世之後有漢高祖，漢之宗室劉德，德爲麒麟閣功臣，子向。又劉敬、劉賈、劉屈氂。後漢光武劉氏，景帝之後也。蜀先主，漢中山靖王之後也；宋高祖，楚元王交之後也，皆姓劉氏。又前凉有劉元海。後漢二十八將有劉隆、劉植，交〔六〇〕劉寬、劉淑、劉昆。晋有劉劭、劉毅、劉琨、劉弘、劉伶，又有劉遺民爲東林十八賢。宋有劉穆之、秀之、孝標、孝威，劉顯、劉牢之。梁有劉杳，又有劉孝綽，爲昭明太子十學士。孝綽與劉苞、劉顯、劉孺又爲蘭臺十學士。唐劉弘基、劉政會爲凌烟閣功臣，復有劉文静、劉洎、仁軌、晏、幽求、子玄、禹錫，皆名臣。

刕　音梨。《姓苑》云："蜀刁逵之孫〔六一〕，避難改爲刕氏。"又百濟八姓，其三曰刕氏。

蒯　襄陽蒯氏。《史》有蒯聵〔六二〕。漢有蒯通。宋有蒯恩。

到　《姓苑》云："本楚令尹屈到之後。"漢有到質。梁有到溉，爲蘭臺十學士，到洽爲昭明太子十學士，又有到撝、到彥之。陳侍中到仲舉。

劇　《史記》燕有劇辛。漢有劇孟。

列　《風俗通》鄭有列禦寇。晋有協律郎列和，善吹笛。

刈　《姓苑》宋有刈懷〔六三〕。

薊　後漢有薊子訓。

州　《左傳》衛大夫州吁，晋大夫州綽。

利　《左傳》："楚公子食菜於利，後以爲氏，今之葭萌也。"漢有中山相利乾。

利孫　《國語》："晋公子利孫夫之後爲氏。"

荆　《史》燕刺客荆軻。北齊有荆次德，善術數。

剎利○焛賴○郟門　皆虜姓，出《後魏書》。

剛○刊○別○剡○制○劙　音盈。六氏並見《姓苑》。

戈五十八

戴　殷之後，其先華氏食菜於宋，至宋戴公生公子文，遂稱戴氏。漢有戴聖、戴德治《禮》，謂之大小戴。晋處士戴逵。齊有戴僧静。唐有戴胄、戴嵩，又有詩人戴叔倫。

臧　魯孝公子臧僖伯之後有臧文仲。漢有燕王臧荼。後漢二十八將有臧宫、臧洪。南齊有臧榮緒。

咸　巫咸之後。《史記》有酷吏咸宣。

威　《風俗通》云："齊〔六四〕威王之後。"

威王　注在上。漢有中郎將威王弼。

威丘　古有隱者威丘蒙。

戎　《年表》有柳丘侯戎賜。漢宣帝戎婕妤，生中山哀王。唐有詩人戎昱。

盛　《姓苑》云："盛，本姓奭，避漢元帝諱，改爲盛。"按：周穆王時已有盛姬，當是何氏《姓苑》誤。吴有盛孝章。晉有盛彦、盛吉。

職　《風俗通》："漢有山陽令職洪。"

成　周文王子成叔之後。郕姓在邑部。漢有南陽太守成瑨。

成功　《姓苑》："禹治水告厥成功，後以爲氏。漢有誉陵令成功恢。"

成公　漢複姓。漢有尚書右僕射成公敞。晉有成公綏。

成陽　《風俗通》："漢有護軍成陽恢〔六五〕。"

武　宋武公之後。漢有武臣。唐有武士彠，則天皇帝父也，又有武元衡、儒衡，武平一。

武安　武安君，白起之裔。漢有乘黄令武安恭。

武彊　《風俗通》："後漢武彊侯王梁，其後子孫以爲氏〔六六〕。"

戚　漢高祖戚夫人。

臧孫　《風俗通》："魯卿有臧孫辰〔六七〕。"

幾　宋大夫幾仲之後。

武羅○武仲○武都○武成　四氏皆虜複姓。

戈○戰○戢○載○畿　五氏皆見《姓書》。

戲　在虎部。

矛五十九

務　《漢書・古今人表》有務光，太丁弟也〔六八〕。

務成　《莊子》有務成子。

斤六十

祈　周大司馬祈父之後。《毛詩》"祈父"，司馬職名也，後因爲氏。《傳》

曰："祈瞞奸命。"晋有祈嘉，聞牕外人招隱者〔六九〕。

所　所者，伐木之聲。本虞衡，主伐木者，聞聲以爲氏。漢有諫議大夫所忠。後漢有所輔。

斯　《吴志·賀齊傳》有剡縣史斯從。

靳　《史》楚有靳尚。漢有靳歙，又有汾陽王靳彊。

新　《國語》晋大夫新〔七〇〕穆子。

新垣　陳留《風俗傳》云："畢公封於新垣，後以爲氏。"魏有新垣衍，漢有新垣平。

蘄　出《姓苑》。

新和○新孫○斫胥　皆漢複姓。並見《姓苑》。

析　在木部。

殳六十一

殳　舜臣殳戕。

穀　魯國穀氏，嬴姓也。漢有魯相穀忠。

穀梁　魯有穀梁赤，治《春秋》，自稱《穀梁傳》。

投　郇伯，周本畿内侯，桓王伐鄭，投先斲以策，因而氏焉。漢有光禄卿投調。

投壺　《風俗通》："晋中行穆子相與投壺，因而氏焉〔七一〕。"

段　武威段氏，共叔段之後也。魏有遼西段干木。漢有太尉段熲〔七二〕、段會宗。後漢方士段翳。晋將軍段匹磾，又有段灼。隋有段文振。唐相段文昌，太尉段秀實，又有段志玄，爲凌烟閣功臣。

舟六十二

舟　《左傳》有晋大夫舟之僑。

冉 孔子弟子冉耕、冉季、冉求，並魯人。

舡 出《姓苑》。

服、滕、勝 本從舟，今附肉部。

車六十三

車 《風俗通》云："舜之後也。陳敬仲奔齊，稱田氏，至漢丞相田千秋，以年老得乘小車出入省中，時號車丞相，子孫以爲氏。〔七三〕"晋有車胤，字武子。梁有車軌，爲蘭臺十學士。

輔 《左傳》：晋大夫輔躒，又智果以智必亡其宗，改姓輔氏。

輒 《姓苑》："錢塘輒氏。漢有輒絡。"

軫 《姓苑六》："出軒轅氏造車，後用横木以爲軫，因賜姓軫氏。"

輿 周大夫伯輿之後以爲氏。

軒 軒轅之後，有單姓軒者。後漢諫議大夫軒和。

軒轅 《姓苑》有"軒氏"、"轅氏"，有"軒轅氏"，皆黄帝之後也。唐宣宗詔羅浮山軒轅集至，問道後乃放還。

轅 《功臣表》有轅終古，《左傳》有陳大夫轅濤塗。《史記·儒林傳》有轅固生。

軒丘 楚文王世子食菜於軒丘者，又自以爲氏。

車遽 《世本》有"齊林〔七四〕淄大夫車遽氏"。

車焜 《後魏書》：獻帝疏屬有車焜氏。

車成○輾遲 並載《後魏書》。

轆○軤 音呼。**輂** 三氏皆見《姓苑》。

火六十四 𤇾附

燭　《左傳》鄭大夫燭之武。

爨　《華陽國志》云："昌寧大姓有爨習。"

熊　《風俗通》："黄帝有熊氏之後也〔七五〕。"《左傳》有熊宜僚。東晋有熊遠。

然　《左傳》有大夫然丹。

焦　周武王封神農之後於焦，子孫氏焉。漢有焦貢。魏有焦光。

黔　音琴。《左傳》有黔敖。

譙　《姓苑》："《蜀志》有譙周。"後漢有譙玄。晋有譙秀。

勞　《姓苑》："漢有勞丙，爲盗。"

榮　《古今人表》有榮駕鵝，駕音加。《左傳》有周大夫榮叔。仲尼時有榮啓期。後漢有左僕射榮劭。

營　《姓苑》："周成王鄉士有營伯。"後漢有京兆尹營郃。

燕　召公奭封於燕，爲秦所滅，子孫有以國爲氏者。漢有燕倉。後魏有燕鳳。唐有燕欽融。又百濟八氏，其二曰燕。

熊率　《左傳》有楚大夫熊率且比，且音嗟。

黑齒　漢複姓，唐有將軍黑齒常之。

烌〇炙　音救。並見《姓苑》。

炔〇炅　解在木部"桂"字下。

熝　在广部。

阜扶九切。六十五

陳　陳，嬀姓也，虞舜之後。古者因生賜姓，若舜由嬀汭而生，故以陳爲姓也。當周武王時有遏父爲陶正，武王賴其用，以元女妻遏父之子滿，封於太昊之墟，是爲胡公，以奉虞祀。是以陳胡公滿之後，子孫以國爲氏。魯有陳亢，字子禽。漢有陳餘、陳涉、陳勝，丞相陳平。後漢太尉陳蕃，二十八將陳俊，太尉陳球，又有陳遵、陳寔。魏陳琳、陳群、陳矯。晋陳騫、陳壽、陳高祖。唐有陳叔達、子昂。

隨　《姓苑》云："隨侯之後。《左傳》有隨會，即士會也。"後漢有隨何，至隨文帝楊氏乃去辵爲隋。

陵　《吕氏春秋》："本鈆陵卓子之後，改姓陵氏。"

陵陽　《姓苑》云："陵陽，宣城地名，古有人釣得白魚，腹内有穀，取服之而登仙。"故《列仙傳》有陵陽子明。後有陵陽氏。

陸　芊姓也。祝融之子陸終之後。至漢有陸賈。吴有陸遜、遜子抗、抗孫嬰、嬰孫晏、景、機、雲，皆有列傳〔七六〕。晋陸曄、曄弟玩、玩子納。宋有陸惠曉。梁有侍中陸雲公，陸澄，又陸倕爲梁昭明太子十學士之一，又爲蘭臺十學士之一。唐陸德明爲秦王府十八學士之一，又唐相陸贄、象先、元方、長源。

隱　《風俗通》："漢有河間太守隱褒〔七七〕。"

隰　《左傳》齊大夫隰朋，又有隰斯〔七八〕。

阬　《左傳》晋大夫阬氏。

隗　《左傳》："狄伐廧咎如，其姓隗氏。"後漢有隗囂。晋隗炤。魏有隗禧。

附　晋有附都。

阮　陳留阮氏。出自周中葉阮卿之後。魏晋之間有阮瑀、瑀子藉、藉〔七九〕兄子咸，又有瞻、孚、脩、放、裕、宣，並有列傳。梁有阮孝緒。

陽　周景王封少子於陽樊，因邑命氏。《左傳》有晋卿陽處父，魯有陽膚、陽虎。隋〔八〇〕有陽休之。唐有陽城。

陽門　《左傳》有陽門介夫。

陽成　"漢高祖功臣"有陽成延。

陽丘　見《姓苑》。

陶　傳殷民七族：陶氏、施氏、繁氏、樊氏、飢氏、終葵氏，而陶居其一，陶唐之後，出自丹陵。范蠡去越適齊，稱陶朱公。後漢有刺史陶謙。晋有陶太尉侃，陶潛、陶回，金陵茅山有陶隱居。

陶丘　《吴志》有平原陶丘洪。

陰　《風俗通》："管修自齊適楚，稱陰大夫，其後氏焉。"後漢光武陰皇后，其先則宣帝時祀竈者，陰子方之後也。弟將軍陰識、識弟興〔八一〕。梁有刺史陰子春。陳有陰鏗。

陰康　古帝號，有以爲氏者。

阿　烏何切。《風俗通》云："阿衡者，伊尹也。言倚之如秤，後以爲氏。"

阿鹿桓○阿史德　並出後魏《官氏志》。

阿史那　突厥别姓。後魏有丞相阿那肱，一云高阿那肱，即三字姓也，人便呼，因只言阿那。周武帝后曰阿那氏。至唐太宗時有阿史那弥，後有阿史那步真。

防風　《姓苑》云："狄國也，禹戮防風氏。"

隴○陘○陡　音低。並見《姓書》。

卩子結切。六十六

卭　音蛩。《列仙傳》有周封史卭疏。

卬　音昂。漢有御史大夫卬祗。

聊　《風俗通》："漢有侍中聊倉。"

印　《左傳》鄭大夫印段。《姓苑》："出自穆公子印，後以王父字爲氏。"

即　地名。齊有即墨城，里人自以爲氏。《風俗通》："漢有單父令即費〔八二〕。"

即墨　《姓苑》："漢有城陽相齊人即墨成子。"《風俗通》云："漢又有即墨威，爲咸陽令〔八三〕。"

節　《周禮》："掌節主固信者之後，子孫有以爲氏。"

卿　《姓苑》："趙相虞卿之後。"

金六十七

金　古帝金天氏之後。《功臣表》有金安上，漢元時告霍禹叛，封都成侯。又漢有金日磾，七世内侍，本以休屠王作金人祭天，故賜金氏。又有衛尉金敞、敞子涉爲侍中。梁有金元超。唐有金元鳳。

錫　《姓苑》:“漢末有錫光先生，錫壽之後也。”後梁有錫休。

錯　一音醋。《姓苑》云:“宋有太宰錯君。”

錢　黄帝之後有爲周文王師者，封爲錢府官，後以爲氏。《風俗通》:“晋有歷陽太守錢鳳〔八四〕。”陳有附馬都尉錢肅。唐有錢起、起子微。

銚　後漢二十八將有衛尉銚期。

鑢　《古今人表》有鑢金。

鋭　《左傳》云:“鋭，主鋭兵者。鋭司徒女嫁爲辟司徒妻，辟，主城壁者。”鮮卑有御史中丞鋭管。

銑　音蘇。《風俗通》:“昇平中，鈎弋有鮮卑人御史中丞銑管〔八五〕。”

鉏　《左傳》:“晋有力士鉏麑。”

錡　《左傳》:“殷人七族，其四曰錡氏。”西漢有錡業〔八六〕。

鐸　《左傳》有晋大夫鐸遏冠。《古今人表》有鐸椒。

鈕　《姓苑》云:“東晋有鈕滔〔八七〕。”

鑄　唐堯之後，以國爲氏。

鐔　音尋。漢有鐔顯。

鍾　潁川鍾氏。《左傳》有鍾儀。魏有太尉鍾繇、鍾會。梁有鍾嶸，唐有鍾紹京。

鍾離　漢有鍾〔八八〕離意。吴有鍾離妝。晋有鍾離雅。

鍾吾　《左傳》有鍾吾子。

鍼　音鈐。秦有三良，一曰鍼虎，殉葬者。

鍼巫　上音針。《左傳》有魯大夫鍼巫氏。

鐵　隋有將軍鐵士雄。

鐵伐　《載記》："赫連勃勃改其支庶爲鐵伐氏，曰庶朕子孫，堅鋭如鐵，皆能伐人也。"

鍷〇鈄　二字並天口切。鏃〇鈎〇釣〇欽〇鎮〇鏤　八氏並見《姓書》。

鈆陵　解在阜部"陵"字下。

玉六十八

玉　音肅。黄帝時有巧工玉帶[八九]，造明堂者，一云《上明堂圖》。後漢有司徒玉況。

環　《姓苑》云："古賢者環淵。漢有河東太守環饒，又有環濟。"

璯　音快。漢有璯錢[九〇]。

理　《姓苑》："皋陶爲大理，子孫以爲氏。殷有理徵。"

琴　《左傳》有大夫琴張。《列仙傳》有琴高。

班　《風俗通》"楚令尹鬭斑之後"，即於菟也[九一]。漢有班彪、彪子固，班斿。後漢有班超。

瑕　《左傳》有周大夫瑕禽，鄭大夫瑕叔盈。

瑕丘　《姓苑》："魯莊公庶子食菜於瑕丘，後以爲氏。"《史記》有瑕丘公，不言名。一云瑕丘江生，治《穀梁》者。

瑕吕　《左傳》有晉大夫瑕吕飴生。注云：姓瑕吕，名飴生，字子金。

琅　《左傳》齊大夫琅過。

璛　音肅。瑞〇玠〇璦　音愛。〇瑄　五氏皆出《姓苑》。

貝六十九

貝　《姓苑》:“古有賢者貝獨坐。唐有貝俊。”

賈　姬姓也。周賈伯之後。漢有洛陽賈誼，曾孫捐之，又有賈山。後漢二十八將有賈復。魏有賈逵，逵子充、仕。晋唐有賈曾、至、耽、餗，皆有傳。

質　《漢書・殖貨志》:“質氏以洒削而鼎食。”注云：理刀劍也〔九二〕。

貢　《姓苑》:“漢有琅琊貢禹，爲御史大夫。”

費　夏禹之後也。《左傳》魯大夫費伯，楚有費無忌。《漢書・儒林傳》有費直，治《易》。後漢汝南費長房。《蜀志》云:“諸費有名者多丞相，費禕，又有費詩、費真。”

貫　《姓苑》云:“齊有貫珠〔九三〕。漢有趙相貫高。”

賀　會稽賀氏。齊之公族慶封之後也。後漢侍中慶純，避安帝諱，改爲賀氏。吴有賀齊，賀劭、劭子偱〔九四〕。唐賀知章，皆名臣。

賁　音祕、音肥、音奔三氏。古有勇士賁育。漢有賁赫，告英布叛者。二人皆姓肥，祕與奔未見。

員　音運。《前凉録》有金城太守員敞〔九五〕。唐有員半千，又有員嘉。

資　黄帝孫有食菜於資者，後以爲氏，即今之資州也。漢有太守資成。

貴　《姓苑》云:“陸終之後有廬江太守貴還。”

賤　漢有北平太守賤瓊，又有賤虞。

賜　齊大夫簡子賜之後。

貳　姬姓也。《後秦録》有平陽太守貳塵之後〔九六〕。

賈孫　《姓苑》:“衛有王孫賈，出自周傾王之後，其子孫自以去王室久，改爲賈孫氏。”

賀若　《後魏書》云:“北俗謂忠正爲賀若，孝文帝以其先祖有忠正之德，遂以爲氏。”隋有賀若弼。

賀蘭　《周書・賀蘭祥傳》云:“祥之先與後魏俱起雲中，有紇伏者爲賀蘭莫何弗，因以爲氏。”唐有賀蘭進明。

賀拔　《周書·賀拔勝傳》云：“亦與魏氏同起陰山，代爲酋長。北方謂土爲拔，以其揔有地土，人皆相賀，因以爲氏。”唐有賀拔嗣，又有賀拔惎。

賀賴　《南燕録》有“輔國大將軍賀賴盧”。

賀葛○賀樓○賀兒○賀遂○賀悅○賀拔干　六氏並出《後魏書·官氏志》。

賀六渾　《北齊·帝紀》云：“高歡字賀六渾。其後遂以爲氏。”

費連　漢複姓。

員　音圓。貿○賢○賓　四氏皆出《姓苑》。

衣七十

被　《古今人表》有被衣，爲堯師。被音披。又有被雍。《左傳》有鄭大夫被瞻。漢有牂牱太守被條。吴有被離。

褚　河南褚氏。微子之後也。恭公之子曰石，食菜於褚，其德可師，遂號褚師，因而氏焉。漢有梁相褚大通，又有褚少孫，補還《史》者。元成之閒，號褚先生。又褚秀、褚雲。晋侍中褚翼，又有褚䂮，音掠。齊有侍中褚彦回。隋有褚無量。唐有褚亮，爲十八學士。亮子遂良爲黄門侍郎。又有褚脩。

裨　《風俗通》：“鄭有裨竈，明天文[九七]。”《論語》有裨諶。

褒　夏禹之後褒姒是也。

哀　《姓苑》云：“漢有哀章。金陵有哀仲，種美梨者。”《莊子》有哀駘它，衛之醜人也。

囊　楚莊王子囊之後，以父字爲氏。《左傳》有楚令尹囊瓦。齊大夫囊帶。

褚師　《左傳》衛大夫褚師圃。

衣○初○褘○補○襑　音尋。裔○裘○襲　八氏並載《姓書》[九八]。

巾七十一

帥　所律切。本姓師，避晋景帝諱改焉。晋有尚書郎帥昺。

師　《左傳》有師曠、師服，又有師延，作箜篌者。又師涓、師襄。漢有師丹。後漢末有南陽人師宜官，攻大小篆。一云複姓。

師延　師延之後也。世掌樂職，後遂有師延宜。

歸　唐有尚書歸崇敬、敬子登、登子融，皆有傳。

帙〇幅　二氏出《姓苑》。

帶七十二

䊮　音帶。《王莽傳》有中常侍䊮惲。

䊮　音制。出《姓苑》。

系下計切。七十三

系　《姓苑》云："楚有系益。"

緜　《風俗通》云："晋張方以緜思爲腹心。"《孟子》有緜駒善歌〔九九〕。

縣　音懸。孔子弟子有縣成。漢有甘陵縣芝。吴有中書令縣黜〔一〇〇〕。

孫　在子部。

糸亡狄切。七十四

繽　《姓苑》："舜七友，其一曰繽牙。"《風俗通》："漢有繽相如〔一〇一〕。晋有繽武。"

繞　《左傳》有秦大夫繞朝。

絳　漢封周勃爲絳侯，其子孫以爲氏。

絡　《姓苑》："衛有賢者絡疑。"

繆　蘭陵繆氏。《史記》："趙有官者繆賢。"《漢書・儒林傳》有申公弟子繆生。《後漢書・獨行傳》有繆彤。魏有繆襲。晋有繆播、繆徵。

繆　音木。《禮記》有繆公，即秦所謚繆公也。

紀　姜姓也。《左傳》大夫紀裂繻。漢有紀信。吴紀瞻，紀亮、亮子騭。梁紀少瑜，皆有傳。《莊子》有紀渻。

終　《漢書》有濟南終軍。

綺　《姓苑》："商山四皓綺里季之後。"

緑　《古今人表》有緑圖，爲顓頊師。作淥者，误。

繡　《漢書・游俠傳》有馬嶺繡君賓。

綸　《魏志》有孫懿文臣綸直〔一〇二〕。

紙　後魏虜複姓渴侯氏，後改賜紙氏。

約　《姓苑》："古賢者有約續。"

維　《後漢書》："光武時有妖巫維汜，相聚爲盜。"

紆　後漢有肥鄉侯始平紆邈。

纏　《漢書・藝文志》有纏子著書。

緱　《王子晋别傳》有緱氏山，緱乃姓也。陳留有緱氏縣，亦姓也。《孝子傳》有陳留緱氏女，名玉，是此也。

繒　《漢書・功臣表》有繒賀。

縉　《姓苑》："縉雲氏之後也。"

紐　《隋書》有紐回，以孝行聞。又有姓鈕，在金部。

纍　音縲。黄帝妃西陵氏，号纍祖，其後以爲氏。晋有七與〔一〇三〕大夫纍虎。

絮　尼據切。《漢書》：京兆府吏絮舜，爲張敞所殺者。

繁　音皤。《左傳》："殷人七族，其三曰繁氏。"漢有御史大夫繁延壽。魏有繁欽。唐有繁師玄。

終利　《東觀漢記》有終利恭。

終葵　《左傳》："殷人七族，其七曰終葵氏。"

經孫　出何氏《姓苑》。

紇奚　後魏有開府紇奚永樂。

紇干　唐有紇干峻，舉進士知名。

紇骨〇紇豆陵〇統奚〇纈那　四氏並載《後魏書·官氏志》。

緯〇練〇紹〇統〇緒〇經〇緡〇納〇給〇紅　十氏並出《姓書》。

緩　在爰部。

綿　在系部。

龍七十五

龍　《姓苑》："舜納言龍之後。龍本舜臣名也，夏有龍逢〔一〇四〕諫桀而死。楚有項羽將龍沮。後漢有將軍龍伯高。"

龍丘　《姓苑》："漢有吴人龍丘萇。"

龔　渤海龔氏。晋大夫龔堅。漢有龔舍、龔遂。晋有龔穎。

龐　周文王畢公之後徙封於龐，後以爲氏。史有龐涓、龐儉、龐勛。後漢太尉龐參、龐統。唐有翰林學士龐嚴。

襲　在衣部。

虎七十六

虎　《姓苑》云："八元伯虎之後。漢有合浦太守虎旗。"

虎夷　見《姓苑》。

盧　范陽盧氏，姜姓也。齊太公之後，子孫食菜於盧，因以爲氏。漢有盧綰、盧植。魏有盧毓。晋有盧志，志子諶，諶子思道，仕北齊。後魏有盧元明。唐相盧懷慎，太傅盧簡求，又有盧藏用，盧肇，隱士盧鴻。

盧妃　見《姓苑》。

盧蒲　亦姜姓也。《左傳》有齊大夫盧蒲嫳，又有盧蒲癸。

虞　帝舜之後有虞仲。《史》有趙相虞卿。東漢有虞延、虞詡。吴有虞翻。晋中書令虞松，又有虞譚，虞溥、預、悝、順、琮、願。後魏侍中虞嘯父。唐有虞世南，爲十八學士，又爲二十四功臣。

虞丘　《風俗通》：晋有虞丘書，爲乘馬御〔一〇五〕。又有吾丘氏，在口部。

虙　古伏字。亦作虙羲。孔子弟子虙子賤。《洛神賦》云虙妃。

虔　陳留《風俗傳》云："虔氏，祖於黄帝。"

獻　齊獻公之後。秦有大夫獻則。

獻丘　見《姓苑》。

戲　音羲。宓羲氏之後也。《魏志》有穎〔一〇六〕川戲志才。

戲陽　《風俗通》："衛有戲陽速〔一〇七〕。"

處　《風俗通》："漢有北海太守處興。又有陳留相處就〔一〇八〕。"

虢　姻〔一〇九〕姓也。王季之後。《左傳》晋大夫虢射。漢有虢廣，爲春秋博士。

虖　音呼。慮〇虚　皆出《姓苑》。

象七十七

象　出何氏《姓苑》。

牛七十八

牛　殷封微子於宋。其後司寇牛父帥師敗狄長丘，死之。子孫以父字爲氏。秦有牛犨。《淮南子》有牛哀。漢有主簿牛崇，解在“馬姓”下。隋有宰相牛弘，封奇章公。唐相牛僧孺襲封焉。

犀　《史記》有魏相犀首。案：《莊子釋文》：“犀首，魏官名，若今虎牙將軍也。公孫衍爲此官。”故《史記》但稱犀首。《姓書》元有〔一一〇〕，不敢削之。

牢　孔子弟子琴牢之後。東漢石顯之黨有牢梁。

牽　魏有牽招。晋有牽秀。

特　《左傳》：“晋有大夫特宫。”

牟　《風俗通》：“牟子之國，祝融之裔也。”漢太尉牟融。《後漢·儒林傳》有牟長。

牧　漢有越嶲太守牧根。

牡丘　《姓苑》：“漢有鉅鹿太守牡丘勝。”

牟孫　出《姓苑》。

犨　《左傳》晋大夫郄犨之後以爲氏。

馬七十九

馬　扶風馬氏，秦姓也。初，伯益之後趙奢封馬伏君，後遂氏焉。漢有馬伏淵，爲隴西太守，牛崇爲主簿，羊嘉爲功曹，凉部人謂之三牲。後漢二十八將有馬武、馬成，又有伏波將軍馬援，又馬宫、馬防。魏有馬鈞。唐中書令馬周，太尉馬燧，侍講馬懷素〔一一一〕。

馬矢　漢複姓，後漢馬宫，本姓馬矢氏，其後單稱馬氏。

馬適　《漢書·功臣表》有馬適育。

馬師　《左傳》有馬師頡。

駒　《功臣表》有駒幾。《左傳》："駒伯爲郤克〔一一二〕軍佐。"

駱　《姓苑》："吴有東陽駱統。"唐有駱賓王。

駟　姬姓也。《功臣表》恩澤侯駟鈞。鄭穆公之後有駟偃，見《左傳》。

騎　《史記》有燕將騎劫。

騶　音鄒。《風俗通》云："越王勾踐之後〔一一三〕。"

驪　本驪國。晋滅驪得驪姬，驪子孫自爲氏。

驪連　古天子号，後有以爲氏者。

馯　丘姦切。又音幹。《漢書》有江東馯辟，字子弓，善治《易》。

騅　《左傳》晋大夫騅歂。

驑　毗養切。馳　二氏並出《姓苑》。

犬八十

狼　《左傳》晋大夫狼瞫。

猗　《漢書·殖貨志〔一一四〕》有猗頓，訾累億萬。

狄　春秋時狄子國，後以爲氏。魯有狄虎彌，孔子弟子狄黑。漢有博士狄山。唐相狄仁傑。

獲　《姓苑》云："宋大夫尹獲〔一一五〕之後。"

猛　《左傳》有晋〔一一六〕大夫猛獲。

猷　《風俗通》："衛有猷康。"

獨孤　本盧姓也，後魏時最爲盛族。北齊時有獨孤信，爲上柱國。唐有獨孤及、及子郁。

狐　狐氏出自康公之後。晋大夫狐偃，又有狐射姑。《莊子》有古之賢者狐不偕。《蜀志》有狐篤，後改姓馬，名忠，爲鎮南大將軍。

狐丘　《史記》有狐丘子林。又有狐丘丈人。

猗〇奂　下音唤。並見《姓苑》。

獨　音獵，犬戎姓。

羊八十一

羊　泰山羊氏。《左傳》羊舌職大夫之後，子孫有單姓者。戰國時有羊千，著書顯名。漢有隴西功曹羊嘉。後漢有太尉羊續，又有羊瓊。晋太傅羊祜，羊曼，羊綉，羊耽，羊陟，羊玄之。宋有羊玄保，羊欣。梁有羊偘，羊鵶仁。

羊舌　解在上。

羊角　《姓苑》云："《烈士傳》有羊角哀。"

姜　天水姜氏，齊姓也。出自神農之後。姜原，帝嚳妃也，生棄。一云太公本居於姜水，後乃氏焉，即周太公姜子牙也。漢有姜肱。蜀有姜維。唐有姜公輔、姜謩、姜皎。

羌　《姓苑》："晋有石冰將羌迪。"

羑　地名也，紂囚文王處謂之羑里，里人以爲氏。

羲　《風俗通》云："堯卿羲仲之後。"

羨　《列仙傳》有羨門。

慈　出《姓苑》。《急就章》有慈人陀〔一一七〕。

兹毋　下音巫。《左傳》有魯大夫兹毋還。

曾　《左傳》有曾夭、曾阜。孔子弟子曾參，父皙。漢有尚書郎曾偉。

普　後魏獻帝〔一一八〕次兄爲普氏。

普屯　《周書》："辛威賜姓普屯。"

普六茹　《周書》："楊忠賜三字姓，爲普六茹氏。"

普陋如　見《後魏書》。

瓶　《風俗通》有太子少傅瓶中。《後趙録》有"北海瓶子然"。

并官　《先賢傳》云："孔子妻并官氏。"

義渠　《風俗通》："漢有光禄大夫義渠安國。"

羌丘〇茸　所嫁切。並出《姓苑》。

尊　在寸部。

善　在口部。

蟲八十二

蟲　《漢書·功臣表》有曲成侯蟲達。

蟜　《姓苑》："漢有蟜慎，字彦仲。亦作矯。"

蜎　《漢書·藝文志》有楚人蜎淵，著書十三篇。

蝮　《唐史補》："乾封元年改武惟良姓蝮氏。"

蛇　《後秦録》："姚萇皇后蛇氏，南安人也。"

蠙　出《姓苑》。唐咸通中有蠙涸，知音律。

蛸　南齊武帝改其子巴東王爲蛸氏。

蛾　《左傳》晉大夫蛾析。

蛇丘　《風俗通》："濟北有蛇丘惑，爲河内太守。"

蛇咥　上音野，下音鐵。虜複姓也。見《後魏書》。

蚩　蚩尤之後。

風　自有部。

豸直耳切。八十三

豹　《風俗通》："八元叔豹，後以爲氏。"

貂　出《姓苑》。

魚八十四

魚　《風俗通》云："宋桓公生目夷子，字子魚，賢而有謀，子孫以字爲氏。"後有魚石。魏有魚豢。梁有魚弘。隋有大將軍魚俱羅，兩目重瞳者。唐内官魚朝恩。

魯　魯伯禽之後。有魯仲連、魯班。後漢魯恭、魯褒。吴有魯肅。魏有魯芝。

鮑　夏禹之裔也，因封以爲氏。齊有鮑叔、鮑癸。漢有鮑宣、鮑永、鮑恢、鮑豔、鮑昭。梁有鮑泉。

鱗　宋桓公生子鱗，故曰鱗氏。《左傳》有大夫鱗朱，又有司徒鱗矔。矔音貫。

鯫　《風俗通》："漢有人姓鯫，名生。"鯫字徂鉤切，《説文》云，小人之貌也。後人遂自稱鯫生，即與姓不同也。

鮮　《後蜀録》有"李壽司空鮮思明"。又音綫。

鮮于　《姓苑》："有鮮于仲通，漢有特進鮮于輔。"

鮮陽　《姓苑》："漢有刺史鮮陽戩。"

鮭陽　漢有博士中山鮭陽鴻。

魯步　見《姓苑》。

鳥八十五

鴻　《左傳》有衛大夫鴻駵魋。

梟　隋煬帝誅楊玄感，改姓梟氏。

鴟夷　《史記》："范蠡適齊爲鴟夷子〔一一九〕。"後有鴟夷氏。

鸜鵒　見《莊子》。一作瞿。

鳴　《古今人表》趙有鳴犢。

鵠　出《姓苑》。

隹八十六

翟　魏文侯時有翟璜，進西門豹者。漢丞相翟方進，廷尉翟公。後漢翟酺。晋處士翟湯。唐刺史翟璋。

霍　周文王十六子封十六國，霍叔第四。漢有大將軍霍光，爲麒麟閣功臣，不名。侍中霍去病。

雄　舜友雄陶之後。

雕　漢武《功臣表》有雕延年。

離　孟軻門人有離婁，《史》云離朱。又有離常。作离者，非。

雋　章兖切。漢有京兆尹雋不疑。

雂　音九。難　百濟姓。二氏皆出《姓苑》。

皮八十七

皮　《姓苑》云："漢有皮尚。"北齊有皮景和，又有太醫皮巡。五代時有皮日休。

破六韓　北齊有破六韓氏，名常。

破六汗　後魏有北境寇破六汗拔陸。

破多羅　亦出《後魏書》。

毛八十八

毛　周文王十六子封十六國，毛公第七。成王時毛伯爲三公。趙有毛遂。晋有毛寶、毛義。魏有左僕射毛玠。宋有毛脩之。

羽八十九

羽　《左傳》："鄭穆公之後有大夫羽頡。"後漢刺客羽公。

羽弗　見《後魏書》。

翾　許緣切。見《姓苑》。

翠　《姓苑》云："楚景翠之後也。"

羿　本作芎，善射者之名也，後有以爲氏。

習　《姓苑》："襄陽有習氏。後漢有習響。"晋有習鑿齒。

翼　在共部。

革九十

革　漢《功臣表》有煮棗侯革朱。

鞏　《左傳》："晋大夫鞏朔，簡公以爲周卿。"

鞠　東萊鞠氏。召公世家有太傅鞠武。漢有鞠譚。《南燕録》有鞠仲、鞠注。

鞅　《姓苑》云："商鞅之後也。"

鞮　宋〔一二〇〕大夫銅鞮伯華之後。一作銅鞮〔一二一〕，在金部。

靳　在斤部。

角九十一

角〔一二二〕　吕静《韵譜》云："音鹿。"南〔一二三〕山四皓有角里先生。又有角善叔。

解　河東解氏。《左傳》有晋大夫解揚，又有解狐。漢有解延年，解光。後漢方伎解奴辜。石勒時有巧匠解飛。晋有解系。宋有孝子解叔謙。唐有解琬。又百濟八姓，其四曰解。

解批　虜複姓。

斛律　後魏丞相咸陽王斛律金、金子光。

斛斯　後魏尚書斛斯延濟。又有斛斯椿。

飛九十二

飛　《史記》有飛廉氏，漢複姓也。古作蜚，通用。或云即嬴姓蜚廉也。

弋九十三

弋 河東弋氏。今蒲坂多此姓。

代 常山地名。代王爲趙襄子所威[一二四]，子孫以地爲氏。《史記》有代舉。漢有京非[一二五]尹代武。

弋門○式 二氏並出《姓苑》。

校勘記

〔一〕《古逸叢書》本"周文"後有"王"字，作"周文王"是。

〔二〕"後漢"，《古逸叢書》本作"吴志"。按：薛綜爲漢末三國時人。

〔三〕據段本，"狐"當作"孤"，"薛孤"爲複姓。

〔四〕叢書本《風俗通》無此條。校注本"嘉"作"加"。

〔五〕"殖貨"倒文。

〔六〕據段本，《左傳》無此人。

〔七〕據段本，"隰"字下脱"叔"字。

〔八〕"椽"當爲"掾"之訛。

〔九〕"苗"，《古逸叢書》本作"伯"，作"伯"是。

〔一〇〕據《梁書·陶弘景列傳》，咸陽三茅君當爲漢人。"秦"當作"漢"。

〔一一〕叢書本《風俗通》無此條。校注本無"敷"字。

〔一二〕叢書本《風俗通》、校注本後還有"又有蒲遵"。

〔一三〕據段本，"董父"姓秦，"董"非姓。

〔一四〕原書蟲蝕處，《古逸叢書》本作"忿"。

〔一五〕據段本，"環"、"𩔈"重出。

〔一六〕據段本，《左傳》無此人，《世本》有"莢成僖子"，"莢成"爲複姓。

〔一七〕據段本，"葴"當作"箴"。

〔一八〕據段本，"葉"當作"華"。

〔一九〕據段本，"姬"當作"堅"。

〔二〇〕從"武子括"至"恬"，《古逸叢書》本作"武子恬，恬弟毅"。按：《古逸叢書》本是。

〔二一〕據段本，"卵"當作"卯"。

〔二二〕據段本，"湖"當作"胡"。

〔二三〕叢書本《風俗通》無此條，校注本無"齊有"二字。

〔二四〕據段本，"蔡丘欣"當作"葘丘訢"。

〔二五〕據段本，《國語》無此人，疑"英成"爲"荚成"之誤。

〔二六〕據《後漢書·楊震列傳》"自震至彪，四世太尉"，楊寶、楊脩俱不在此列。

〔二七〕《玉函山房輯佚》補編本《後秦録》無此條。

〔二八〕"晋"，《古逸叢書》本作"齊"，作"齊"是。

〔二九〕叢書本《風俗通》未著"七篇"，校注本立爲"根牟氏"，并標明"六國時賢者"。段本亦持"根牟"爲複姓説。

〔三〇〕據段本，"晋"當爲"魯"，"富槐"當爲"富父槐"。

〔三一〕"氐"，《古逸叢書》本作"慎"，"慎"字是。

〔三二〕"陰"疑爲衍文。

〔三三〕《玉函山房輯佚》補編本《姓苑》作："桂，後漢太尉。"

〔三四〕段本據《史記索隱》，"石"、"田"爲二人名，"槍"非姓。

〔三五〕兩"感"字當爲"敢"之訛。

〔三六〕"李綱"當爲宋代。

〔三七〕"李光"，新、舊《唐書》均未見。

〔三八〕據《左傳·昭公二十年》，"木"當作"朱"。

〔三九〕據段本，"梗"當作"梗"。

〔四〇〕《玉函山房輯佚》補編本《姓苑》無"者"字。

〔四一〕"一十七"誤，實收十五氏。《玉函山房輯佚》補編本《姓書》收十五氏。

〔四二〕“於”,《古逸叢書》本作“伯”,“伯”字是。

〔四三〕據段本,“鈴”當作“鈐”。

〔四四〕“嵇”,《古逸叢書》本作“奚”,“奚”字是。

〔四五〕“奚”,《古逸叢書》本作“嵇”,“嵇”字是。

〔四六〕“生”,《古逸叢書》本作“父”,“父”字是。

〔四七〕“嵩”當作“鬲”。

〔四八〕叢書本《風俗通》無此條。

〔四九〕《玉函山房輯佚》補編本《姓苑》收此條。

〔五〇〕據段本,“孫”當作“父”。

〔五一〕據段本,“茂”當作“茷”。

〔五二〕叢書本《風俗通》“鞠氏”下有“或爲麴氏,音之訛也”,無此句内容。

〔五三〕叢書本《風俗通》無此條。

〔五四〕據段本,“伴”當作“升”。

〔五五〕《玉函山房輯佚》補編本無“秦”字。

〔五六〕據段本,“魯”當作“衛”。

〔五七〕據段本,“文”當作“父”,“矯父”載於《後漢書》,不載於《左傳》。

〔五八〕據段本,“知北”非姓,“知北遊”非人名。

〔五九〕據段本,“成”當作“城”。

〔六〇〕“交”,《古逸叢書》本作“叉”,“叉”字是。

〔六一〕《玉函山房輯佚》補編本《姓苑》“孫”作“後”。

〔六二〕段本認爲,“蒯聵”爲衛太子名,非姓。

〔六三〕《玉函山房輯佚》補編本《姓苑》無此條。

〔六四〕叢書本《風俗通》“齊”作“楚”,誤。

〔六五〕叢書本《風俗通》、校注本均無此條。

〔六六〕叢書本《風俗通》“彊”作“强”,“後漢”作“漢”,原文與此小異,作“其後因射爲氏”。

〔六七〕叢書本《風俗通》無此條。

〔六八〕段本據《古今人表》指出，“務光”“太丁弟”爲兩个人。

〔六九〕《左傳》“祈”作“祁”，祈、祁通。

〔七〇〕據段本，“新”後脱“穉”字，“新穉”爲複姓。

〔七一〕叢書本《風俗通》、校注本均無此條。

〔七二〕“穎”當作“潁”。

〔七三〕叢書本《風俗通》無此條。

〔七四〕“林”當作“臨”，《古逸叢書》本、《世本八種》孫馮翼集本作“臨”。

〔七五〕叢書本《風俗通》無此條。

〔七六〕段本指出，《吴志》本傳抗五子爲：晏、景、玄、機、雲。此處大謬。

〔七七〕叢書本《風俗通》無此内容。

〔七八〕據段本，《左傳》無“隰斯”，《韓非子》有“隰斯彌”。

〔七九〕兩“藉”字當爲“籍”之訛。

〔八〇〕“隋”，《古逸叢書》本作“魏”。按：陽休之生活在北魏至隋時期，故時代或作“隋”，或作“北魏”。《古逸叢書》本“魏”前闕“北”字。

〔八一〕叢書本《風俗通》無“後漢光武陰皇后”以後内容。

〔八二〕叢書本《風俗通》“費”作“賁”。

〔八三〕叢書本《風俗通》“即墨氏”條下内容與此不同。

〔八四〕叢書本《風俗通》無此條。與校注本“錢氏”條下内容不同。

〔八五〕叢書本《風俗通》無此條。段本認爲“銑管”爲“鋭管”之訛。

〔八六〕據段本，“業”當作“華”。

〔八七〕《玉函山房輯佚》補編本《姓苑》“洎”作“滔”。

〔八八〕“鍾”當爲“鍾”之訛。

〔八九〕段本據《史記·孝武本紀》，“工玉帶”當作“公玉帶”，“公玉”爲複姓。

〔九〇〕據段本，“瑲錢”爲倒文，本姓錢，“漢”當爲“晋”。

〔九一〕據段本，“鬬斑”與“於菟”非同一人。

〔九二〕此文當引自《漢書·貨殖傳》，“殖貨志”誤。服虔注：“治刀劍者也。”如淳注：“作刀劍削者。”注文“理刀劍也”出處不詳。

〔九三〕據段本，“珠”當作“殊”。

〔九四〕“偱”當作“循”。

〔九五〕《玉函山房輯佚》補編本《前凉録》無此條。

〔九六〕《玉函山房輯佚》補編本《後秦録》無此條。

〔九七〕叢書本《風俗通》無此條。

〔九八〕《玉函山房輯佚》補編本《姓書》只收七種，無“補”氏。

〔九九〕叢書本《風俗通》無此條。校注無“晋張方”句。

〔一〇〇〕據段本，《姓纂》“陵”下有“相”字，“黜”作“點”。

〔一〇一〕叢書本《風俗通》無此條。

〔一〇二〕據段本，《魏志》無此人。“文懿”爲倒文，《晋書》載其人。

〔一〇三〕據段本，“與”當作“輿”。

〔一〇四〕“逄”爲“逢”之俗寫。

〔一〇五〕叢書本《風俗通》無此條。

〔一〇六〕“穎”當作“潁”。

〔一〇七〕叢書本《風俗通》無此條。

〔一〇八〕叢書本《風俗通》無後一句。校注本“太守”作“相”。

〔一〇九〕“姻”，《古逸叢書》本作“姬”，作“姬”是。

〔一一〇〕《玉函山房輯佚》補編本《姓書》無“犀”氏。

〔一一一〕據段本，“馬伏君”之“伏”當作“服”，“馬伏淵”之“伏”當作“文”，“羊嘉”，《廣韵》作“羊喜”。

〔一一二〕據段本，“充”當作“克”。

〔一一三〕叢書本《風俗通》未收此條。

〔一一四〕“殖貨”爲“貨殖”之倒。“志”當作“傳”。《古逸叢書》本正作“傳”。

〔一一五〕《玉函山房輯佚》補編本《姓苑》無“尹”字。據段本，

《左傳》無此人，《姓纂》作“猛獲”。

〔一一六〕據段本，“晋”當作“宋”。

〔一一七〕段本據《急就章》，“陀”作“他”。

〔一一八〕據段本，“帚”當作“帝”。

〔一一九〕《史記·貨殖列傳》載此作“鴟夷子皮”，此處“子”後脱“皮”。

〔一二〇〕據段本，“宋”當作“晋”。

〔一二一〕“鞮”疑爲“鍉”之訛。

〔一二二〕“角”爲“甪”之俗寫。

〔一二三〕“南”，當爲“商”之訛。

〔一二四〕《古逸叢書》本“威”作“滅”，作“滅”是。

〔一二五〕《古逸叢書》本“非”作“兆”，作“兆”是。

姓解卷第三

一九十四

一　凡姓書並無一氏，今江南彭澤獨有之。當是姓乙，音訛致此誤呼。今自有乙家，又慮後人有姓一者以爲脱落，故立此姓。

一斗眷　後魏三字姓，後改姓明氏。

一那婁　又音閭，亦後魏姓，後改賜婁氏。

王　周靈王太子曰晋，世傳晋登仙，是王家之太子，遂稱王氏。凡二十一望，各以分封食菜，隨地而立也。《史記》有王倪、王翦、王離、王陵、王尊、王章、王嘉、王商、王肅、王褒，並秦漢以來將相。後漢二十八將王梁、王常、王霸、又王暢、王充、王符。魏侍中王粲，司空王朗，又王昶，方士王真。晋王祥、弟覽，王沉、渾〔一〕、渾子濟，王濬，王戎、戎從弟衍、衍弟澄，王戹，王接。元帝渡江之初，有王導，王湛、湛子丞、丞子述、述子坦之、字文度，並爲中興第一。坦之子曰愷愉、國寶。又導有從子羲之、羲之子玄之、凝之、徽之，弟操之、獻之。宋有祕書監王儉，侍中王華、王曇首。齊王融、王僧虔。梁王僧孺、僧辯。《梁書》沈約謂王筠曰："自開闢已來，未有爵位蟬聯、文才相繼如王氏之盛也。"王筠爲梁昭明太子十學士，王囿又爲高齋十學士。隋王韶、王劭。唐侍中王珪，中書令王及善，又王方慶，王縉、縉弟維，皆有列傳。

王人　《姓苑》云："周有王人子突。"

王官　《左傳》有王官無地御戎。

王史　漢有新豐令王史音。

王孫　衛有王孫賈。

正　《左傳》宋上卿正考甫。魏有永昌太守正帛。

正令　漢有尚書郎正令宮。

不　甫鳩切。《晋書》有汲郡人不準，發魏王冢，得古文竹書盈車，世謂之

《汲冢書》者。

丕　《左傳》："晋有大夫丕鄭、鄭子豹。"

牙　君牙之後。

巫　殷有巫咸，明天文。又有巫賢。

巫馬　孔子弟子巫馬期。

酉　黄帝十四子之一姓也。《魏志》有陳留人酉收〔二〕。

五　《姓苑》有五、伍、仵三氏。初有五胤。《漢書》："陳涉將有五逢。"蜀有五梁。伍、仵在人部。

五鳩　《風俗通》："趙有將軍五鳩盧〔三〕。"

五鹿　漢有五鹿充〔四〕宗。

五参　楚昭王時有五参蹇。

五里　出《姓苑》。

五王　東莞五王氏。《史記》云："自齊威王至建王爲五王，建王子孫以爲氏。"

五相　出《姓苑》。

丁　姜姓也。齊太公之後，謚曰丁，因而命族。漢《功臣表》有丁復，又有丁寬。後漢有丁恭，又司徒丁鴻。魏有丁謐、丁儀、丁廙。吴司徒丁固，大司馬丁奉。晋丁譚。唐學士丁公著。

丙　《風俗通》云："秦有大夫丙歜。"《漢書·货殖傳》："魯有富人丙氏。"《古今人表》有丙猜〔五〕。

三閭　楚屈原爲三閭大夫，後有以官爲氏者。

三烏　《姓苑》："沛有上計吏三烏群。"《左傳》："三烏大夫〔六〕之後也。"

三州　《姓苑》："三州孝子之後。"

三伉○三種　二氏並見《姓苑》。

萬俟　上音墨，下音祈。《北齊書》有特進萬俟普。

百氏　高麗八姓，其八曰百氏。

百里　《左傳》："秦將百里孟明視。"虞有百里奚。後漢徐州刺史百里嵩。

下門　《風俗通》有晋大夫下門聰〔七〕。

下陽　《春秋公子譜》："姬姓也，虢叔之後。"

可頻　《後周書》："太保王雄，賜姓可頻氏。"

可沓　梁有河南王可沓振。

可足渾　前燕慕容儁皇后，姓可足渾氏。

可朱渾　後魏有并州刺史可朱渾買奴。

萬紐于　西魏有柱國萬紐于謹。《後周書》："唐瑾、樊深並改賜于氏。"

哥舒　唐將哥舒翰。

弄　吐蕃王姓。唐太宗以文成公主妻弄讚。

工　漢有平悼侯工師喜。《風俗通》楚大夫工尹齊〔八〕。

工僂　《左傳》有齊大夫工僂灑。

可達○可地延　並出《後魏書》。

匹婁○至　出《姓苑》。

暨　音訖。吴有尚書暨艷。

干　在丨部。

萬　作萬，在草部。

天九十五

吞　音天。《姓苑》云："漢有吞景雲。"

吞　音桂，解在"桂"字下。又有與天公牋者吞道元。

蚕　音閻。《姓苑》云："北海人。"

元　《左傳》有衛大夫元咺，梁有元法僧、元樹、元顯達。後魏始姓拓跋，至孝文帝改姓元氏。後周侍中元孚。隋尚書左丞元壽。唐相元稹、又有元行沖、元萬頃、元結、元德秀，皆在《文苑》。

大九十六

大　《漢書·古今人表》有大填、大山稽，並黄帝師。又有大款爲顓頊師，又黄帝臣有大鴻，又曰大封，辨西方。

大庭　古天子號，亦以爲氏。

大羅　《周禮》有大羅氏。

大公　《世本》有大公叔穎〔九〕。

大賀　《唐列傳》云："契丹國姓。"

大夫　解在一部文字下。

大連○大彭　出《姓苑》。

大莫干　周末有尉回將軍大莫干玄章。

大利稽○大俗稽○大落稽　並見《後魏書》。

太　文王四友太顛之後。

太師　《古今人表》有太師庇、太師摯。

太叔　漢有尚書太叔雄。

太陽　《列仙傳》有太陽子白日昇天。

太史　周太史之後以爲姓。周有太史儋。《風俗通》："漢有尚書郎太史稟〔一〇〕。"司馬遷父曰太史公談。吴有太史慈。

太征○太士○太室○太祝　並出《姓苑》。

夾　《左傳》楚大夫夾〔一一〕敖。

奄　秦穆三良，一曰奄息。

夫蒙　《後秦録》有"建威將軍夫蒙氏大羌也"。

夫餘　《風俗通》："吴公子夫槩奔楚，子孫不去者稱夫餘氏。"又百濟王初姓夫餘。

東　《姓苑》云："舜七友，其一曰東不訾。"訾音疵。

東門　《左傳》有魯大夫東門襄仲。後漢有東門京。

東郭　《左傳》齊大夫東郭偃，又有東郭姜、東郭書。《莊子》有東郭順，爲田子方師。漢有待詔者東郭先生拜都尉。

東野　《莊子》有東野稷。

東陵　《神仙傳》有廣陵人東陵聖母。

東閭　《姓苑》云："古賢者東閭子。"

東里　《曹瞞傳》有南陽太守東里昆。

東宫　《左傳》有東宫得臣。

東樓　夏禹之苗裔，湯時或封或絶。武王克商，求禹之後，得東樓，封於杞焉。

東關　《左傳》有東關嬖五，其後爲氏。

東鄉　《世本》有宋大夫東鄉爲〔一二〕。

東陽　漢有東陽無疑。

東方　漢有東方朔。唐有東方虯。

來　殷之裔也。後漢二十八將有來歙。荆楚名族有黄門侍郎來順。蜀有來敏。隋有大將軍來護兒。又有相者來和。後魏有來大千。唐有來瑱、來濟。

朱　沛國朱氏。周封同姓于邾，爲楚所滅，子孫去邑稱朱氏。《史》有朱亥。齊有大夫朱毛。《論語》有朱張，逸民之一也。王弼云："姓朱名張，字子弓。"漢有朱建、朱博。魯有朱家。漢朱買臣，循〔一三〕吏朱邑、朱齡石。後漢二十八將有朱祐，又有朱浮、朱雲、朱穆。吴有朱寓〔一四〕、朱治、朱然。晉司徒朱紀、朱整。唐朱子奢，朱敬則〔一五〕。

朱襄　古帝號，有以爲氏者。

朱泙　《莊子》有朱泙漫。

朱耶〇朱陽　見《姓苑》。

夷　《左傳》："齊大夫夷仲年，邾大夫夷射〔一六〕。"

夷門　魏侯嬴氏，爲夷門抱關者，後有夷門氏。

支　《後趙録》有司空支雄。

支離　《莊子》有支離益，善屠龍。又有支離叔。

契苾　虜複姓。唐將有契苾何力。

東萊〇本　皆出《姓苑》。

束　自有部。

吅許煩切。九十七

單　音丹。本虜姓可單氏，後改姓單氏。

單　音善。周卿單穆公之後。《左傳》有周大夫單伯。東漢有將軍單超。魏有太史令單颺。晋有術士單道開。唐初有單雄信。《莊子》有單豹。

嚴　馮翊嚴氏。漢嚴忌、忌子助，又有嚴彭祖，皆有列傳。王莽時嚴尤。後漢光武時嚴陵。蜀嚴君平。唐嚴綬、嚴挺之。

喪　音桑。楚有大夫喪左。

品九十八

品　出《姓苑》。

區　音歐。區冶子之後。

區　音驅。《左傳》魯大夫區夫。漢末有長沙區景。

臨　《後趙録》有"秦州刺史臨深"。隋有臨孝恭，會天文。

歐陽　《吴越春秋》："越王勾踐之後封於烏程，今有歐陽亭。"一云出自長沙。晋有歐陽建。唐有歐陽詢、詢子通，歐陽詹。

㗊並立切。九十九

嚚　玄嚚氏之後以爲氏。

器　出《姓苑》。

厂呼旦切。一百

石　《春秋公子譜》云："石駘仲之後。"有衛大夫石碏、石祁子。楚有石奢。漢有石建、石慶父子五人，號萬石君。魏有石申，明天文。晋有石鑒，石苞、苞子崇。後趙石勒。

厚　《古今人表》有厚成子。

厥　《姓苑》："漢文以宫人賜衡山王，一曰厥氏。"

原　《左傳》："文王十六子封十六國，原伯第十四。"《古今人表》有原繁。周大夫原壽過。陳大夫原仲。晋大夫原軫，即先軫也。《史》有原壤、原涉。一作源。孔子弟子原思、原憲〔一七〕。

厲　《風俗通》："漢有魏郡太守厲温〔一八〕。"

厙狄　上音舍。北齊厙狄干。《後周書》太師厙狄峙。隋酷吏厙狄士文。唐刺史厙狄嶔。

麗○厚丘○石牛　三氏並見《姓苑》。

辱　在寸部。

广宜檢切。一百一

唐　帝堯陶唐氏之後，子孫氏焉。魏有唐雎，年九十五，説魏王者。楚有唐昧。漢有唐蒙，通夜郎者。又有唐都，明曆數者。晋有唐彬，伐吴者。北齊中書令唐邕。唐凌烟閣功臣唐儉，又唐次、唐紹、唐休璟、唐臨、唐衢。

廖　音溜。衡山人多呼爲料，音轉也。出自周文王支子伯廖之後。《古今人表》有廖叔安。東漢廖湛。今南岳多廖姓。

廉　趙有廉頗。廉褒。大司馬廉丹、丹子范。

鹿　漢有太守鹿旗。後魏有黄門侍郎鹿愈。

麃　音炮。《風俗通》："漢有麃宣、麃禮〔一九〕。"

序　《禮》有序點。後魏有序淵。

度　後漢有度尚，爲荆州刺史，撰《曹娥碑》者。

應　音鷹。出自南頓，周武王之後。《左傳》："邘、晋、應、韓，武之穆也。"《漢書》有應曜，隱於淮陽山，八代孫應奉、奉子劭，集解《漢書》者。魏有應瑒。

麻　《風俗通》："齊大夫麻嬰。後漢麻達。晋隱士麻襦。"《神仙傳》有麻姑。唐執金吾麻嗣宗。

庸　《姓苑》："漢有庸光。又有膠東庸生。"

席　本姓藉〔二〇〕，避項羽改之。晋有席坦。梁席闡。唐席豫。周席固。

康　周文王子衛康叔之後。宋有康説、康闠之。梁康絢。唐康子光。

庚　唐有太常博士庚季。

庚桑　《莊子》有庚桑子。

庾　《姓苑》："堯時有掌庾大夫，後以爲氏。"周大夫庾皮。漢司空庾孟。晋中書令庾亮、子琳，又有庾冰、庾峻，庾翼。後周庾信，齊庾杲之。《南史》有高齋十學士庾肩吾。

庾公　《左傳》："衛有庾公差，以善射聞。"

府　《風俗通》："漢有司徒椽〔二一〕府悝。"

廣武　《姓苑》："陳餘之後有廣武氏。"

廣成　《莊子》有廣成子。

慶　姜姓也。《左傳》齊大夫慶封，慶虎、慶寅〔二二〕。後漢有慶鴻、慶純，避安帝諱，遂改姓賀，"賀"字下别注。

庶　《周禮》有庶氏，常除毒〔二三〕。

庶其　《左傳》："邾庶其之後以爲氏。"

廩丘　《姓苑》："古有隱者廩丘充〔二四〕。"

庫傉官　虜三字姓。《前燕録》有岷山桓公庫傉宦〔二五〕泥。

庖　《莊子》有庖〔二六〕丁，善解牛。

廚人　漢複姓。有廚人僕〔二七〕。

唐孫　《世本》有食菜於唐，其孫仕晋者稱唐孫氏。

庫門○慶忌○慶師○慶父○廏○廬　已〔二八〕上六氏，並出《姓苑》。

龐　在龍部。

疒女厄切。一百二

痡　《姓苑》："周穆王盛姬早卒，王哀痡之，賜姓痡氏。"

尸　一百三

尸　秦有尸佼〔二九〕，爲商鞅師。

屠　《左傳》："齊〔三〇〕有大夫屠岸〔三一〕賈，滅趙朔者。"

展　《左傳》："無駭公子展之孫爲展氏。"後有展禽，即柳下惠也。解在"柳"字下。隋有展子虔。

尾　《史記》有尾生。

屈　楚之公族也。楚武王子瑕，食菜於屈，後爲氏。屈瑕、屈完、屈蕩、屈到、屈建、屈原。吴有屈晃。

屈侯　《史》："魏有屈侯鮒。"

屈突　唐有屈突通，爲凌烟閣功臣。

屈男○屈盧○屈門○屈同○屈引　此五氏皆出《後魏書》。

居○履　見《姓苑》。

立亠下以石切。一百四

辛　夏啓封支子於莘，辛字相近，遂稱辛氏。《左傳》有周大夫辛有，大夫辛廖。漢辛蒲，辛慶恩[三二]。魏侍中辛毗。北齊吏部尚書辛術。後魏辛雄、辛德源。齊駕部侍郎辛公義。唐補闕辛替否、辛祕。

商　紂臣商容之後。秦相公孫鞅封於商，是曰商鞅。孔子弟子有商瞿，商澤。

商丘　《列仙傳》有商丘子胥。《莊子》商丘開。

童　《姓苑》："顓頊子老童之後。"後漢有琅琊内史童仲[三三]，又有循吏童恢。

章　《風俗通》："秦有將軍章邯[三四]。"宋有章昭達。

章仇　隋有章仇大翼，明天文。

靖　唐有靖君亮，號陳留八俊。

豎　俗作此本從豆，今附《左傳》齊大夫豎㢸。齊桓公臣豎刁[三五]。

豎侯　《左傳》："曹有豎侯獳[三六]。"

方　周大夫方叔之後。古賢者方回。唐有詩人方干。

高　渤海高氏。齊太公之後食菜於高而氏焉。《左傳》高奚、高敬仲。《史記》高漸離。孔子弟子高柴。漢高鳳。後漢高詡。北齊姓高氏有臣高敖曹。又遼東高氏號高句麗。魏有高柔。晋高光。後魏高允。隋吏部侍郎高孝基。唐太尉高士廉，圖畫於凌烟閣。又有高季輔，高郢、郢子定。

亶　《古今人表》："亶父，公祖[三七]子也。"

充　《神仙傳》有充尚。

齊　太公姓，封於齊，自田敬仲之後，始稱齊氏。《風俗通·氏姓篇》序云："齊魯宋衛四族，齊爲之長[三八]。"唐有齊映。

云　《姓苑》："祝融之後也。漢有云敞。"又作妘。今女部亦出。

主　《姓苑》云："今同[三九]州多此姓。"

主父　漢有主父偃。

文　廬江文氏。周文王之後。蜀太守文翁。越大夫文種，《吴越春秋》多稱大夫種，後人以大夫爲氏者，誤。魏文聘、文欽。晋文立。

卞　曹叔鐸支子封於卞，後以爲氏。古有卞莊子。楚卞和。晋尚書令卞壼。齊卞彬。

良　《姓苑》云："出自鄭穆公之後。"《左傳》有鄭大夫良宵〔四〇〕。河間相良就。

雍　於容切。又於用切。文王十六子封十六國，雍伯第十。後有大夫雍糾。又有雍廪。漢有雍齒。唐有詩人雍陶。

玄　《列仙傳》有河間玄俗，無影玄冥之後也。

襄　魯公子襄仲之後。後漢有襄楷。

京　《風俗通》："鄭武公子段，封於京，號京城太叔，其後氏焉。"漢京房，本姓李，字君明，後推律自定爲京氏。

亥　《戰國策》："晋有隱士亥唐。"

無　《左傳》魯司寇無駭〔四一〕。漢有太子舍人無且。

無庸　楚熊渠之後號無庸，乃有子孫爲氏。

無懷　古天子號，有以爲氏者。

高堂　漢複姓，出泰山下。魏有侍中高堂隆。

高陵　秦昭王弟高陵君之後也。漢有高陵顯。

雍門　雍門氏出自齊頃公之子，生於雍門，因以爲氏。《戰國策》有雍門周。

雍丘　《姓苑》："晋有雍丘洛。"

雍人　魯有雍人高。

高陽　《吕氏春秋》有辯士高陽魋。

端木　孔子弟子端木賜。

立如　《姓苑》："古有賢者立如子。"

奇斤〇無〇鈎〇産〇永〇兖〇之〇舞〇亮〇亢〇率〇棄〇端〇韶　一十四氏，並載《姓書》。

奭　在"盛"字下。

哀 在衣部。

元 在天部。

丨亅上思二切 下附一百五

卜 《左傳》魯大夫卜齮。晋有卜偃，明天文。孔子弟子卜商。漢御史大夫卜式。魏方士卜成。宋勇士卜天生。

卜梁 楚文王之子有食菜於諸梁者，後有卜梁氏。《莊子》有卜梁倚。

甲 太甲之後。《左傳》有鄭大夫甲石甫。《莊子》云：“昭、景、甲三姓，與楚同宗〔四二〕。”

卑 《姓苑》云：“鮮卑之後。”漢有太守卑躬。後漢蔡邕作《胡廣碑》，有太尉掾雁門卑整。

布 《姓苑》有：“布子善相，爲趙卿，即姑布子卿也。”《陶侃别傳》有江夏布興，亦在“姑”字下注。

平陵○平寧 並出《姓苑》。

申 姜姓也。《左傳》有申蒯、申句須、申無宇、申不害，皆大夫。又楚有申包胥，申犀。孔子弟子申棖，申黨。周有申徽。漢河南王申陽。《南史》高齋十學士申子悦。《莊子》有申屠狄。漢相申屠嘉。又有申屠剛。後漢申屠蟠〔四三〕。

申章 漢長沙太傅申章昌。

申鮮 《左傳》齊大夫申鮮虞。

申公 《風俗通》：“楚申公巫臣之後〔四四〕。”《史記》有太子傅申公，遭腐刑者。

卓 蜀有卓王孫。東漢有太傅卓茂。

韋 本顓頊大彭之後，夏封於豕韋，子孫以國爲氏，因家彭城。至楚元王傅韋孟遷于魯，生賢，賢生玄成，皆爲漢相。《史》有韋粲。後漢韋彪。隋韋孝寬。唐相韋貫之、韋處厚、韋皋，又韋安石、子陟、巨源，韋述、韋堅，皆有傳。

末 《姓苑》云：“桀有末喜。”又有姓秣，在禾部。

于　于本作邘。周武王子邘叔，子孫遂去邑爲于。邑部亦有邘氏。漢丞相東海于定國，于公之子也。魏有將軍于禁。後魏于瑾爲三老，又于栗磾。後周于穆。唐于志寧爲十八學士，于頔、于休烈、于琮、于邵、于敖，皆有列傳。

干　《左傳》宋有干犨。晋有干寶。

干己　漢有京兆尹干己衍。

畢　文王十六子封十六國，畢公第十三。後有畢公高、畢万。晋有畢卓。唐有畢諴、畢搆。

求　《三輔决録》："漢有求仲。"

中　《姓苑》："漢有中京，爲少府卿。"

中行　《左偃》〔四五〕晋大夫中行偃。漢諫議大夫中行彪。

中梁　《姓苑》："古之隱者有中梁子〔四六〕。"

中英　虞有五英之樂，掌中英者，因自以爲氏。

中央　古帝號，有以爲氏者。

中壘〇中野　並見《姓苑》。

末那樓　《後燕録》有"襄城末那樓氏，名雷"。

市　北燕有將軍市被。

辜　出《姓苑》。

東〇來〇朱　並在大部。

皋　在丿部。

十　一百六

南　《風俗通》："楚大夫南遺〔四七〕。"孔子弟子南縚，字子容，《論語》南容也。

南郭　《莊子》有南郭子綦。《左傳》南郭且干〔四八〕，又南郭先生，濫吹者。

南榮　《莊子》有南榮趎。

南鄉　《姓苑》："晋有高士全，隱居於南鄉，因自以爲氏。"

南公　六國時有南公子著書。

南伯　《莊子》有南伯子綦。

南史　《左傳》有南史氏。

南宫　魯有南宫敬叔。宋有南宫長万。《書》有南宫毛。夫子弟子南宫适。《古今年表》有南宫極、南宫邊。

南丘○南門○南野　三氏並見《姓苑》。

直　《姓苑》："楚人直躬之後。"《漢書》有御史大夫直不疑。

真　《説文》作眞，俗作真。今附十部。《風俗通》云："漢有太尉長史真祐。"又百濟八姓，其二曰真氏。

博　《説文》云，從十。古有博勞氏，善相馬。

袁　汝南袁氏。出自陳郡陳胡公之後也。漢有袁安爲太傅，安子敞、敞孫宏。後漢袁延、袁紹、袁術。晋袁準，又有袁山松。梁袁粲，袁昂，號白頭尚書。唐袁天綱。

士　堯之裔劉累後也。《左傳》有秦大夫士會，士季。晋大夫士蔿，士丐。吴有士燮。《莊子》有士成綺〔四九〕。

士思　《古今人表》有士思癸。

士孫　後漢有士孫瑞。

士正　出《姓苑》。

赤　《姓苑》云："赤熛怒之後。"《列仙傳》有赤松子。

赤張　《莊子》有赤張滿稽。《韓子》有赤張枝。

壽　吴王壽夢之後。《左傳》："魏有壽餘，畢万之後也。"吴有大夫壽越。王莽時有兖州牧壽良。

壽西　《漢書》："燕王旦遣壽西長之長安。蘇林云：'壽西，姓也。'"

壺　《左傳》衛大夫壺黯〔五〇〕。漢有諫議大夫壺遂。《神仙傳》有壺公。

臺　漢有侍中臺崇。後漢逸人臺佟。晋術士臺彦〔五一〕。

嘉　《左傳》宋〔五二〕大夫嘉父。

索　燉煌索氏。晋有索堪、子靖，索純、索襲。唐有索元禮。

索盧　後魏有諫議大夫東郡索盧放。

索陽　見《姓苑》。

去斤　後魏有去斤氏，後改賜艾氏。

素和　《後趙録》有“宜陽公素和明”。

素黎　出《後魏書》。

寺　《左傳》有寺人披。

青　《姓苑》：“漢有丞相青翟〔五三〕。”

青陽　少昊青陽氏之後。漢有東海王中尉青陽精。

青烏　《風俗通》：漢有青烏子，善術數〔五四〕。

青牛　出《姓苑》。

青史　古史官有青史氏，其書五十六篇，世以史書摠謂之青史，蓋爲此。出《藝文志》。

甫　《姓苑》云：“甫侯之後。”

堯　帝堯之後也。後魏有大司農堯暄。《隋書·忠義傳》有堯君素。

表〇嗇　並見《姓書》。

䒑　一百七

卷　陳留《風俗傳》云：“琅琊徐焉本姓圈，後改爲卷。”

拳　《左傳》有衛大夫拳彌。

養　正作養。《説文》從羊、食，今附《孝子傳》有養奮。

養由　養由氏，解在邑部“邑由”下。

乂　一百八

史　《姓苑》云：“周卿史佚之後也。史佚，明天文。衛有史鼂。”《左傳》

有大夫史顆、史趙、史皇、史蘇，又有史籀。衛有史鰌、史狗。漢有史高、史丹，史良綈者，與平侯恩許伯謂之許史。後漢史弼。隋史萬歲〔五五〕。

史朝〔五六〕　《世本》："衛有大夫姓史朝，名朱駒。"

更　《國語》："魏有更盈，能虚弓落雁。"

臾　《左傳》晋大夫臾耕。

𡗗　一百九

秦　《秦本紀》："秦之先，柏翳嘗有勛，於唐虞之際錫土，賜姓曰嬴氏，五代後生非子，周孝王封於秦，號秦嬴氏。"自有十四姓，在"嬴"字下。至秦始皇子嬰既滅，後公族皆爲秦氏。蜀有秦密。唐有凌烟閣功臣秦叔寳。

春　《姓苑》："春申君黄歇之後。"

奉〇泰　並見何氏《姓苑》。

八　一百十

公　《姓苑》："漢有主爵都尉公儉。"

公儀　魯相有公儀休。《禮》有公儀仲子。

公師　漢《功臣表》有公師壹，晋穆公子成師之後也。

公沙　後漢有公沙穆，舉孝廉，爲洪農令。

公孫　公孫氏，齊莊公之後。《趙世家》："公孫杵臼，義士也。"秦大夫公孫支。《左傳》鄭大夫公孫僑，一姓國，今兩出，即子産也。漢相公孫龍〔五七〕、公孫賀。又有公孫敖。魏有公孫瓚。蜀王公孫述。

公晳　孔子弟子名哀。

公伯　孔子弟子，一名寮，一名哀。

公西　孔子弟子四人，曰赤、曰華、曰輿、曰蒧〔五八〕。

公祖　魯有公祖勾茲。

公肩　孔子弟子，名定。

公冶　孔子弟子，名長。

公良　孔子弟子，名孺。

公正　《晋書》："征虜將軍太山公正群。"

公羊　子夏門人公羊高，治《春秋》，作《公羊傳》。

公父　魯有公父歜。

公何　魯有公何藐。

公賓　魯人公賓庚。又有公賓就，王莽時封滑侯。

公思　魯人公思展。

公鉏　魯人公鉏極。

公山　《左傳》有公山不狃。《論語》公山弗擾。

公申　魯有公申叔子〔五九〕。

公甲　魯有公甲叔〔六〇〕。

公巫　魯有公巫召伯〔六一〕。

公斂　魯有公斂陽。

公冉　魯有公冉務人。

公南　《左傳》有衛大夫公南文子。

公休　《姓苑》："趙有平陵太守公休勝。"

公牛　公牛哀，病七日而化虎者。一云單姓，在牛部。

公之　《世本》有"魯大夫公之文"。

公舌　《傳〔六二〕》："晋大夫公舌赤。"

公佗　《姓苑》："晋蒲邑大夫公佗世卿。"

公上　《姓苑》："衛大夫公上壬。"又《年表》有公上不害。

公明　《禮記》："魯大夫公明儀。"《論語》有公明賈。

公劉　《姓苑》："后稷之祖〔六三〕公劉氏。"

公襄　《世本》："魯大夫公襄昭。"

公荆　魯人公荆皎。

公都　《孟子》云："公都子有學問。"

公族　《郭泰别傳》有公族進階。

公金　秦公子金之後。

公牽　齊公子牽之後。

公息　《世本》有郰大夫公息志〔六四〕。

公文　《風俗通》："衛有公文要〔六五〕。"《莊子》有公文軒。

公旗　《戰國策》："齊威王時有左執法公旗蕃。"《左傳》齊悼子，公旗之後。

公泥　《左傳》："季武子庶子公泥〔六六〕氏。"

公行　《孟子》有公行子著書。

公索　《姓苑》："古有公索氏將祭而亡其牲者。"

公罔　《禮》有公罔之裘，揚觶者。

公擣　《漢書·藝文志》有公擣〔六七〕子著書。

公勝　《藝文志》又有公勝生，亦著書。

公玉　玉音肅。濟南公玉帶，上《明堂圖》。一云單姓玉，今玉部亦出。

公户　《漢書》："太中大夫公户滿意，諭燕王旦，今服罪者〔六八〕。"一作扈。

公仇　《姓苑》："後漢有零陵太守公仇稱。"

公緒　後漢有山陽公緒恭。

公夏　孔子弟子公夏首。《魏志》有公夏浩。

公帥　晋成都王帳下督公帥蕃，本姓公師，避景帝諱改焉。

公乘　《列女傳》有公乘之姒。唐有萬年尉公乘億。

公輸　《列子》有巧匠公輸班。一云班輸，又云班爾。

公叔　《風俗通》："衛大夫公叔文子〔六九〕。"

公朱　《左傳》有楚大夫公朱高。

公祈　孔子弟子。又有公祈〔七〇〕哀。

公爲　《姓苑》:"魯有士官公爲珍。"

公房　《古今人表》有公房皮。

公幹　齊大夫公幹氏。

公慎○公紀○公右○公左○公言○公孟○公甫○公仲○公獻○公石○公吕○公留○公車　一十三氏，並見《姓書》。

翁　《漢書·殖貨傳》有翁伯，販脂致訾累巨萬。

冀　《左傳》有晋大夫冀芮，又有冀缺。

兼　《姓苑》云:"衛太子兼之後，乃以字而爲姓。"

谷　長安谷氏。漢有太常谷永、大司馬谷吉。《唐書·文苑傳》有谷倚。

谷那　《唐書》有谷那律，諫獵者。

兖　出《姓苑》。

丿 普折切。一百一十一

氏　《吴志》是儀，本姓氏。孔融嘲云:"氏字，民無上，因改爲是。"

禹　大禹之後也。王僧孺《百家譜》云:"蕭道遊娶禹氏女。"

向　河内向氏。宋文公支子向文盻，孫戌以王父字爲氏。《古今人表》有殷太史向摯。後漢特中向詡，詡孫秀，聞笛者。宋有向珍〔七一〕。

衆　音終。《左傳》有魯大夫衆仲。

白　太原白氏。出自古帝白胥氏之後。秦有大夫白乙丙，有武安君白起。《殖貨傳》有白圭。楚白公子勝。晋都水使者白裒。唐太傅白居易、弟行簡、從弟宰相敏中〔七二〕。

白公　楚白公子勝之後，有以爲氏。

白侯　《吴志》:"張昭師曰白侯子安。"

白馬　《風俗通》有白馬氏。

白冥　《秦本紀》有白冥氏，嬴十四姓之一也。

帛　《風俗通》:"楚有帛州黎〔七三〕。"《神仙傳》有帛和。

皇　出自宋戴公之後。《左傳》鄭大夫皇頡。後漢有侍中皇蟬。魏有皇象，善書。梁有助教皇侃。《莊子》有皇子告敖，姓皇，名告敖，齊之賢者。

皇甫　《春秋公子譜》云:"宋戴公生皇甫充石。"《姓苑》又云:"後漢有皇父鸞，徙居茂陵，改父爲甫，遂稱皇甫氏。後漢渡遼將軍皇甫規。又有皇甫嵩。"晋皇甫謐。唐皇甫無逸，皇甫湜。

烏　出自鮮卑烏桓氏之後。秦有力士烏獲。《左傳》齊大夫烏枝鳴。唐將烏重胤。

烏孫　《漢書》有烏孫昆彌。

烏那羅　北齊有烏那羅愛。○**烏石蘭**○**烏落蘭**○**烏桓泥**　並出《後魏·官氏志》。

喬　本魯姓也。一云匈奴之貴姓。後漢太尉喬玄。唐有喬彝，喬知之。

冬　前燕慕容皝有司馬冬壽。

釋　《西域記》:"悉達成道，謂沙門爲釋氏，因有此姓。"

免　《左傳》衛大夫免餘〔七四〕。餘音塗。

采　《風俗通》:"漢渡遼將軍采皓。"

乘　音繩。漢有乘昌，封煮棗侯。

乘馬　《溝洫志》有諫議大夫乘馬延年。

皋　《左傳》有越大夫皋如。

丘　魯左丘明之後有丘氏。一云齊太公封於營丘，其後氏焉。齊《文學傳》有丘靈鞠。梁丘遲，丘巨源〔七五〕，又丘仲孚，治山陰爲第一者。唐初有丘和、丘行恭、丘神勣。

丘林○**丘敦**　皆後魏獻帝次第姓也。

尒朱　《後魏書》:"北虜有尒朱川，地名秀容，居者因以爲氏。"自尒朱榮後皆亂臣。

尒綿　亦出《魏書》。

多　《漢書》有無錫侯多軍。

多于　複姓，出《姓苑》。

千　《風俗通》:"漢有蜀郡都尉千獻。"

千乘　出《姓苑》。

秉　《漢書》有秉漢。

黎　黎侯之後。

受西　出《後魏書》。

皋落　春秋地名，國人以爲氏者。

甥　《風俗通》：晋大夫吕甥之後爲氏。

受　音到。危○生○夐○自　並出《姓苑》。

舟　在舟部。

朱　在大部。

爲○奚　並在爪部。

亼似立切。一百一十二

俞　《史》有俞跗，善醫。

俞　敕救切。漢有司徒掾俞連。

余　《姓苑》云："由余之後。"

佘　音蛇。《姓苑》云："南昌郡人。"

佘丘　《風俗通》有侍御史佘丘炳〔七六〕。

介　《左傳》有介子推。吴有方士介象。

倉　古有掌倉庾者，各以爲姓。黄帝史臣有倉頡。《左傳》有陽樊人倉葛。魏有倉慈。

合　《左傳》有宋大夫合左師。

合博　《漢書·功臣表》有合博虞。

會　《世本》云："陸終第四子會〔七七〕人之後。"漢有武陽令會栩。

禽　魯伯禽之後。《高士傳》有禽慶。《莊子》有墨翟弟子禽滑釐。

全　《漢書·儒林傳》有全緩。吴有大司馬全琮。

令狐　令音零。《國語》云："畢万之後。"《左傳》："晋大夫令狐子文，即魏顆也。"唐相令狐楚、楚子綯。史臣令狐德棻、令狐峘。

令其　出《姓苑》。

食〇金　二氏各有部。

乚　一百一十三

乙　《風俗通》："漢南郡太守乙世。"《前燕録》："護軍乙逸，將軍乙歸。"後魏駙馬乙瓌。

乙旃　後魏獻帝命叔父之裔，曰乙旃氏也。

勉　《風俗通》："漢有上郡守勉昂〔七八〕。"

乣　黄帝十四子之一姓也。

乙干　後魏都督乙干貴。

乙弗　《前燕録》："高麗王乙弗利。"唐《方伎傳》有乙弗弘禮。

光　《姓苑》云"田光之後"也。晋有樂安光逸。

先　又音綫。《左傳》先丹木，先軫，先友，先縠。

兒　音倪。《春秋公子譜》云："兒，曹姓之後。附庸也。"漢御史大夫兒寬。又有倪氏，在人部。

屯　《後蜀録》有"法部尚書屯度"。

比　殷少師比干〔七九〕。

乜　弥也切。蕃姓也。

己　黄帝十四子之一姓也。漢有太常卿己〔八〇〕茂。

兀　後漢改樂安王元覽爲兀氏。

凡　姬姓也。周公子凡伯之後。《姓苑》云："晋陵人。"又有姓氾〔八一〕，亦同音，在水部。

凡間　《姓苑》云："唐叔之後。今東莞多此姓。"

九百　《姓苑》云："昔有岱縣人，姓九百，名里，爲縣小吏。而功曹姓萬，縣中語曰：'九百小吏万功曹。'"

九方　《列子》："秦穆公時有九方臯，一名歅。善相馬。"

乞伏　晉有乞伏國仁，後稱西秦王於金城。北齊有乞伏惠。

巴　《風俗通》："漢有太常巴茂〔八二〕。"《後漢·黨錮傳》有巴肅，又有揚州刺史巴祗。《史》有巴清婦〔八三〕。

既　吴王夫既之後，子孫以爲氏。一作概。

䰛　音万。梁四公子姓。

皛　《左傳》有皛恭子。

無婁　《左傳》莒大夫无婁、修胡〔八四〕。

乙速孤　虜姓。《後魏書》有乙速孤佛保，爲直閤將軍。

乾　音竿。尤　並見《姓苑》。

能　音奈。在肉部。

孔　在子部。

元　在天部。蓋《玉篇》舊在天部收也。

罒音罔。一百一十四

羅　按顓頊之末裔，受封於羅國，今房陵也。子孫以國爲氏。晉有羅含、羅企生。後魏羅結。《唐書·忠義傳》有羅士信。《孝友傳》有羅讓。

羅侯　即上羅國，子孫爲楚所滅，有國日嘗封侯者，又自稱羅侯氏。

罕　《姓苑》云："出自秦穆公之後，世爲卿大夫。晉有罕夷。孔子弟子子〔八五〕罕父黑，一云複姓罕父。"

罕井　虜複姓。

蠲　音攜。梁四公子姓，本從目，今附此部。

西　一百一十五

西方　前燕慕容廆以西方虔爲股肱。

西門　《史記》有鄴令西門豹。

西陵　黄帝娶西陵氏爲妃，曰纍祖。

西郭　晋有西郭陽，何承天以爲西朝名士。

西乞　《左傳》有秦將西乞術。

西鉏　《左傳》宋大夫西鉏吾。

西鄉　《左傳》宋大夫西鄉錯〔八六〕。

西周　周末分東西二周，各爲氏。武公世子稱西周氏。

覃　梁有東寧州刺史覃無先。

粟　《後漢·袁紹傳》有魏郡太守粟舉〔八七〕。

要　音腰。《史記》有刺客要離。漢有河南令要兢。

甄　音真。又音堅。陳留《風俗傳》："舜陶甄河濱，其後有以爲氏。"漢有甄豐、甄邯。唐有甄權。

巂　音携。《説文》云，姓也。

西宫○西樓○西野　並出《姓苑》。

栗　在木部。

皿明丙切。一百一十六

孟　孟氏，本魯桓公之子仲孫之裔，仲孫於三桓爲孟，故曰孟氏。魯有孟公綽。齊有孟軻。秦孟説。漢孟舒，孟嘗，孟敏。吴司空孟仁。晋孟宗，孟嘉。唐孟元陽，孟郊，襄陽詩人孟浩然。

孟孫　即上所言三桓也，曰孟孫、叔孫、季孫，號三桓。子孫世爲上卿，後各爲之複姓。

監　《風俗通》："衛康叔爲連屬監，後以爲氏〔八八〕。"

蓋　音閤。漢有司隸校尉蓋寬饒。後漢二十八將有蓋延。京兆尹蓋勛。唐蓋文達爲十八學士。

盂　《左傳》晋大夫盂〔八九〕丙。

鹽　《魯國先賢傳》有北海相鹽津。

盆　《姓苑》："漢侍中郎將盆溢〔九〇〕。"

盆成　《風俗通》：齊有盆成格〔九一〕。

盎〇盤〇盈　三氏並出《姓苑》。

盧　在虎部。

𠂇音有。一百一十七

有　有巢氏之後。孔子弟子有若。《風俗通》云："漢有光禄勛有光。"

有巢　古天子號，亦有爲氏。

有男　《姓苑》："五〔九二〕禹後分封其國，自稱有男氏。"

友　後漢梁冀有美人友通期。

左　《姓苑》云："齊之公族也。魯有左丘明。"後漢太守左雄，左原。魏方士左慈。晋祕書郎左思。

左公　《左傳》衛大夫左公子洩。

左師　《左傳》："宋公子目夷爲左師，其後爲氏。"秦有左師觸龍。

左行　《左傳》："晋有先蔑爲左行，其後爲氏。"漢有御史左行恢。

左人　孔子弟子左人郢。

右　出《姓苑》。

右師　《左傳》："宋樂大心爲右師，其後爲氏。"漢有中郎右師譚。

右公　《左傳》衛大夫右公子職。

右行　《左傳》："晋賈華爲右行，其後爲氏。"漢御史中丞右行綽。

右扈〇右南〇右閭　並出《姓苑》。

癶蒲葛切。一百一十八 癶癶並附

祭　側介切。周公第五子曰祭伯。《左傳》有祭仲。後漢二十八將有祭遵，又有祭彤。

祭公　《左傳》有祭公謀父。

癸　《姓苑》云："齊癸公之後。"

登　《姓苑》："蜀有關中流人始平登足〔九三〕。"

粲　出《姓苑》。

寸　一百一十九

封　渤海封氏。姜姓，炎帝之後有封鉅爲黄帝師。後漢有孝廉封武興。魏有方士封君達。齊有孝義封延伯。陳有封懿。北齊有封述。唐有封倫，封敖，封常清。

射　音亦。《吴志》有中書郎射慈。

射　音社。《三輔决録》云："漢末有大鴻臚射咸，本姓謝，名服，天子以爲將軍出征以謝服不祥，改賜射。"

尉　《左傳》有鄭大夫尉止，又有尉翩。《史記》："秦有大梁人尉繚著書。"南越王尉佗。後魏有尉元爲三老。又有將軍尉聿。北齊有功臣尉景。

尉遲　其先魏氏别種有尉遲部落，因而氏焉。後周有尉遲綱、尉遲迥。唐有尉遲敬德，爲二十四功臣。

尋　《左傳》云："尋與夏同姓〔九四〕。"晋有尋曾。

尋盧[九五] 古天子號，有以爲氏者。

尊 《風俗通》："尊盧氏之後。"

專 《史記》刺客專諸。

辱 見《姓苑》。

謝 在言部。

匚甫王切。一百二十

匠 《風俗通》云："凡事於氏者，巫、卜、陶、匠、天[九六]也。"亦出《姓苑》。

匱 出《姓苑》。

囗于非切。一百二十一

國 與高氏俱爲齊太公之後。《左傳》云："代爲上卿。"《公子譜》云："鄭穆公之後有九族。公孫僑者，公孫發之後也，姓國氏，故曰國僑，即子産也。"《禮》有國子高。魏有太僕卿國淵。又百濟八氏，其六曰國。

因 《左傳》："燧[九七]人四姓，一曰因氏。"

回 古賢者方回之後。

固 晋平公時有舟人固乘。

圈 秦有圈稱撰《陳留風俗傳》，後入漢，累官至司徒。

圉 《左傳》有大夫圉公陽。

園 《列仙傳》有園客。

園公 漢四皓有東園公。後有園公氏。

圀 音逼。圃〇卤 音赤。三氏並見《姓苑》。

田　自有部。

宀亡狄切。一百二十二

冠　音貫。《列仙傳》有冠先。

冠軍　晋有太傅参軍襄城侯冠軍夷。

寇　馮翊寇氏。黄帝之後也。周武王時有蘇忿生爲司寇，因以爲氏。後有道士寇謙之。後漢一十八將有寇恂。後魏寇讚。

富　《左傳》周大夫富辰。唐有富嘉謨。

冥　大禹之後以所封國爲氏。《漢》有丞相〔九八〕冥都。

富陵〇富吕　並虜複姓。

宜　在宀部。

軍　在勹部。

冂苦熒切。一百二十三

周　姬姓也。周平王子有封於潁者，人謂之周家，因爲周氏。又按：商太史周任，在周之前，疑其前代已有此姓，考之則不見所出。漢有太尉周勃，御史大夫周昌，周仁，周緤，周堪。後漢周舉。吴周瑜。晋周濬，周顗，周嵩，周謨，周放，周處，周續之，爲東林十八賢。齊將軍周盤龍。梁周捨，周興嗣。

周陽　《姓苑》："漢淮南王舅趙兼封周陽侯，子孫氏焉。後有周陽由。"

周生　《姓苑》云："魏初有聘士燉煌周生烈。晋武《中經簿》云：'姓周生，名烈，爲博士也。'"

用　《姓苑》：漢有用蚪，爲高唐令。

同　《前凉録》有"同善"。

具　《左傳》有大夫具丙。《風俗通》："漢有中山相具褒〔九九〕。"

离　音泄。殷之祖也。後有离氏。

釁　音問。《風俗通》："魯大夫釁夏〔一〇〇〕。"

同蹄〇且〇禹　並見《姓苑》。

攵普角切。攴普卜切。《説文》云：二旁並同。一百二十四

救　居右切。《風俗通》："漢有諫議大夫救仁〔一〇一〕。"

敝　《左傳》有敝無存。音弊。

歛　《前秦録》有輔國將軍歛憲。

敦　《姓苑》："衛有醜人敦洽。"

敖　顓頊大敖之後以爲氏。

改　秦有大夫改産。

鼓　《周禮》有掌鼓吹之官，後爲氏。

散　《姓苑》："文王四友有散宜生。"

敓　音奪〔一〇二〕。斲　即官切。政〇收〇故　並出《姓苑》。

冬　在丿部。

放　在㫃部。

夊思錐切。一百二十五

夏　夏后氏之裔。陳宣公子孫亦夏徵舒之族也。後漢夏馥，夏牟。晉夏統。

夏侯　夏禹之後杞簡公爲楚所滅，其弟佗奔魯，魯悼公以佗出自夏后氏，乃授爵爲侯，謂之夏侯，因而氏焉。漢太子太傅夏侯勝，太僕夏侯嬰。魏夏侯惇、淵、

霸、尚、玄。晋侍郎夏侯湛。梁左僕射夏侯祥。唐夏侯端。

憂〇夔　並見《姓苑》。

欠仁劍切。一百二十六

歂　是專切。《史記》有歂師。衛有大夫歂犬。

歛　力摘切。出《姓苑》。

歐陽　在品部。

又　一百二十七

雙　《姓苑》："後魏有將軍雙仕洛，又有中常侍雙蒙。"

叔　魯公子叔弓之後。周有内史叔興。《左傳》晋大夫叔向，又有叔服。

叔孫　三桓之後也。《左傳》有大夫叔孫婼，魯有叔孫武叔。漢有叔孫通。

叔先　後漢有犍爲叔先雄。

叔梁　孔子父曰叔梁紇。

叔仲　《左傳》魯大夫叔仲小。

叙　出《姓苑》。

廴予忍切。一百二十八

建　漢高祖弟楚元王太子建之後。《漢元皇后傳》有建公。

延　後漢京兆尹南陽延篤，殺梁冀使者顯名。蜀有延岑。

延陵　吴季札後有延陵氏。

勹布交切。一百二十九

包　《左傳》："楚大夫申包胥之後。"漢有作《論語章句》者包氏。東漢有大鴻臚包咸。

軍　《禮記》："將軍文子之後，有單姓者。"

訇　音轟。《蜀録》有"關中流人訇琦、訇廣"。

句　音鉤，又音遘。姜姓也。《古今人表》有句望、越王句踐〔一〇三〕，又有句彊。蜀有將軍句扶。

句龍　句龍，社神也。《姓苑》有句龍氏。

芻　《姓苑》云："牛哀化爲虎，其家改姓芻氏。"

聿徒計切。一百三十

肆　古有善算者肆首。

肅　出《姓苑》。

蕭　《姓苑》云："微子之後有食菜於蕭者，遂爲氏。"《左傳》："宋有蕭大心。"漢侍中蕭彪，居蘭陵。彪玄孫望之，居杜陵，與相國蕭何異族。望之爲麒麟閣功臣。南齊太祖梁高祖皆姓蕭氏，齊宗室子顯、子良、子雲。梁有蕭顯〔一〇四〕達、蕭思話、蕭穎胄、蕭惠基。陳太傅蕭摩訶。唐蕭瑀，爲凌烟閣功臣，梁武帝曾孫也。又嵩華復俛放孫侄六人並爲宰輔，又有儒學蕭德言、蕭穎士。

晝　《風俗通》云："晝邑大夫之後爲氏。"

鬲古的切。一百三十一

鬲　《姓苑》云："殷末賢人膠鬲之後。"

融　《世本》云："祝融之後。"

融夷　祝融後董父之裔，又有融夷氏。

鬻　《左傳》曰："鬻熊者，祝融十二世孫也，爲周文王師。"《古今人表》有鬻拳。

鬷　《左傳》鄭大夫鬷蔑，鬷明〔一〇五〕。

鬴　出《姓苑》。

厽音累。一百三十二

參　一作叅。《世本》云："祝融之子陸終生六子，其二曰參胡，後遂有參氏。"

臼九六切。一百三十三

臼　《左傳》："宋華貙家臣曰臼任，又曰臼季，胥臣也。"

舅　《左傳》："晋大夫舅犯之後。"

舄　音鵲。舊〇舂　並出《姓苑》。

㫃於蹇切。一百三十四

施　《左傳》："殷民七族，其二曰施氏。"又有魯大夫施伯、施父、施孝叔。《漢書·儒林傳》有施讎。後漢二十八將有施延。

旅　漢《功臣表》有昌平侯旅卿。

旗　《風俗通》："齊卿子旗之後〔一〇六〕。漢有旗光。"

於　《姓苑》云："淮南多此姓。"

於陵　地名也，後以爲姓。《高士傳》有於陵仲子。《風俗通》："漢有議郎於陵欽。"

於丘　《祖氏家傳》有太中大夫於丘淵。

旃　《風俗通》云："吴人也〔一〇七〕。"

放　出《姓苑》。

爿士良切。一百三十五

將　《後趙録》有"常山太守將容"。

將閭　《藝文志》："古有將閭菟著書。"

將軍　《禮記》有將軍文子。

將梁　嬴姓之一氏也。

片　一百三十六

牒雲　出《後魏書·官氏志》，有牒雲成。

瞿音巨。一百三十七

瞿 王僧孺《百家譜》云："裴桃兒娶蒼梧瞿寶女。"史有瞿硎先生。《風俗通》云："漢有瞿茂，爲漢南〔一〇八〕太守。"

嬰 《風俗通》云："齊大夫季〔一〇九〕嬰之後。"遂有單姓者。

北　一百三十八

北宫 《左傳》有衛大夫北宫文子。《穀梁傳》有北宫括。漢孝文時有宦者北宫伯子。《莊子》有北宫奢。

北門 《莊子》有北門成。

北唐 《世本》云：昔有高士隱於北唐，因以爲氏〔一一〇〕。漢有北唐子真，治《京房易》。

北郭 《晏子春秋》："北郭先生，名騷。"

北海 《姓苑》云："古北海〔一一一〕無擇，清身洁己，嫉世之濁，自投清泠之淵。"《莊子》有北海若。

北鄉〇北丘〇北野。北官〔一一二〕〇北人〇北旄〇北殷 七氏並出《姓書》。

刁　一百三十九

刁 《姓苑》云："齊桓公臣竪刁之後也。"後漢有侍御史刁榮。東晋左僕射刁協、協子彝、彝子逵，逵授〔一一三〕桓玄僞官，爲宋高祖所滅。後有御史中丞刁攸。後魏有刁雍、刁冲。《北齊·儒林》有刁柔。

承　一百四十

承　出《姓苑》。《後漢書》有侍中承官，本琅琊姑幕人。

由　一百四十一

由　《風俗通》云："漢有長沙太守由章〔一一四〕。"

由余　《姓苑》："秦相由余氏之後。"

由吾　亦出於由余氏也。北齊有由吾道榮，有道術，明天文。

斟　一百四十二

斟　《國語》云："祝融生六子，第五曰安斟。其後侯國有六姓，斟姓獨無後。"賈逵注云："斟是曹姓。"《左傳》云："斟弋與夏同姓，是也。"今南國有此氏而無顯名者。

斟弋　注在上。

巨　一百四十三

巨　《姓苑》云："巨靈之後。漢有巨武，爲荆州刺史。"

巨毋　下音巫。王莽時有長人巨毋霸。

上　一百四十四

上官　楚莊王少子爲上官大夫，後以爲氏。唐有上官儀。

上成　《後漢·方伎傳》有上成公。

贛古暗切。一百四十五

贛婁　《漢書·藝文志》："齊有隱士贛婁子，著書五篇。"

赫　一百四十六

赫連　《後魏書》：其先匈奴右賢王去卑之後，劉元海之族也。勃勃以後魏天賜四年稱王於朔方，國號夏，以子從母之姓，非禮。自云："王者繼天爲子，是謂徽赫，實與天連。"乃改姓赫連氏。

赫胥　古帝號，有以爲氏者。

禺　一百四十七

禺　出《姓苑》。

耦　《左傳》："宋卿華耦之後。"漢有侍中耦嘉。

遇　《風俗通》："漢有河南太守遇沖。"

䜌音戀。一百四十八

䜌　漢有南郡太守䜌祕。

欒　《左傳》："欒書生黶，黶生盈，代爲晋卿。"漢有欒布。後漢欒巴。西晋欒肇。

孌　《風俗通》云："遼東人姓也〔一一五〕。"

蠻　《國語》云："芊姓也。"

壹　一百四十九

懿　《左傳》："懿氏，陳大夫之後也。"

曲　一百五十

曲　《姓苑》云："晋穆侯子成師，封於曲沃，後以爲氏。"漢有代郡太守曲謙。後漢有太常卿曲仲尼。

農　《姓苑》云："神農之後也。"

典　《魏志》有典韋，多力者。

豐　在豆部。

鬼 一百五十一

鬼 《漢書·古今人表》有鬼容區，風后之倫也。紂醢鬼侯。

魏 畢公高之後，始自周武王弟封於畢，至畢万仕晋，封魏成侯。万之子即魏犨也。後有武子，武子生魏絳。又有文侯，又公子无忌，穰侯魏冉，魏顆〔一一六〕。漢魏豹，相國魏相，爲麒麟閣功臣，魏三公朗〔一一七〕。晋司徒舒。荆〔一一八〕刺〔一一九〕咏之後。魏收。唐太師徵，侍中知古，又有魏元忠。

醜 後漢袁紹將軍有醜、良〔一二〇〕。

醜門 《西秦録》有"將軍醜門干"。

爰 一百五十二

爰 濮陽爰氏，舜之苗裔胡公之後也。漢有爰盎。後漢有侍中爰延。

㬇 音緩。晋有西中郎將㬇清。

緩稽 虜複姓。後改爲緩氏。

援 出《姓苑》。

羸 一百五十三

羸 《秦本紀》有一十四氏，皆出於羸：徐氏、郯氏、莒氏、鍾離氏、運奄氏、菟裘氏、將梁氏、黄氏、江氏、脩魚氏、白冥氏、蜚廉氏、趙氏、秦氏。《後漢·黨錮傳》有羸咨，號八及。

𠦝公旦切。一百五十四

朝　朝廷也。與周同姓。唐有拾遺朝衛。

朝　朝夕也。紂臣有朝涉〔一二一〕。

翰　《左傳》有曹大夫翰胡。

幹　出《姓苑》。

韓　武王之子封於韓，《傳》曰：邘、晉、應、韓，武之穆也。又《風俗通》云：“韓之先，出於唐叔虞，曲沃桓叔之子万，食邑於韓國〔一二二〕，因以爲氏。”《左傳》有晋大夫韓宣子。《史》有韓非、韓長孺。漢大將軍韓增爲麒麒閣功臣。韓信，韓王信，御史大夫韓安國，左馮翊韓延壽。後漢司空韓稜。大鴻臚韓融。唐相韓休，韓文公愈，韓弘，韓滉。

韓餘　晉卿韓宣子之後有名餘子者，奔於齊，號韓餘氏。

韓侯　《韓詩外傳》云：“周宣王大夫韓侯子，有賢德。”

非　一百五十五

非　《風俗通》云：“有非子者，伯益後也。”

斐　音非。《左傳》有音〔一二三〕大夫斐豹。

蜚廉　嬴姓也，十四氏之一。

裴　裴氏，裴益〔一二四〕之後，封於萻鄉，因以爲氏。後有徒封解邑者，乃去邑加衣。自魏晋至周隋七代，皆有傳。魏有潛，晋有楷、秀、頠。宋有松之。齊有讓之。周有舉〔一二五〕、長寬、俠。隋有蘊、蕭，又有子野。唐相裴寂、裴晋公，又有矩、行儉、光庭、耀卿。

兆　出《姓苑》。

毋音巫。一百五十六

毋　出《姓苑》。

毋丘　後漢將作大匠毋丘興。魏幽州刺史毋丘儉。

毋將　前漢有執金吾東海毋將隆。

毋鹽　《漢書·殖貨〔一二六〕志》有毋鹽氏，鉅富。

毋車　《風俗通》有樂安毋車伯奇。

丹　《風俗通》："晋大夫丹木〔一二七〕。"

毒　音擕。毋終○毋婁　三氏並見《姓書》。

尹　一百五十七

尹　天水尹氏。古者師、尹，三公官也，其後有以爲氏。《古今人表》："尹壽，爲堯師。"趙有尹皋，明天文。周有尹吉甫。趙簡子有臣尹鐸。關令尹喜。後有尹子奇。漢京兆尹尹翁歸，又有尹更始子咸。後漢尹勋。蜀尹黙〔一二八〕。

尹文　《姓苑》："齊定王時有尹文子著書。"

尹公　《風俗通》："衛有尹公佗〔一二九〕。"

君　穆王命君牙爲周大司徒。

尚　一百五十八

尚　《姓苑》云："吕尚之後。"東漢有高士尚子平。唐有尚可孤。

尚方　漢複姓。

棠　《左傳》有齊大夫棠無咎。

棠溪　吴王闔閭弟夫概奔楚，稱棠溪氏。

堂　《風俗通》："楚伍尚，爲棠邑大夫，即棠溪也。今揚州六合縣是其地。伍尚時有以棠爲氏者，後人寫字訛，乃有堂姓。"

常　黄帝時司馬常光，一作嘗。《左傳》有越大夫常壽過。漢有常惠，從苏武入蕃者。魏有常林。唐相常衮。

党　丁浪切。後秦姚弋仲將党耐虎，又有將軍党娥。

黨　《左傳》有魯大夫黨同〔一三〇〕。

常丘　《風俗通》有常丘崎〔一三一〕。

賞○當　並見《姓苑》。

掌　在手部。

易　一百五十九

易　何氏《姓苑》："齊大夫易牙之後以爲氏。"

共　一百六十

共　音恭，共工氏之後。《左傳》："鄭武公〔一三二〕奔共，子孫因稱共氏。"晋大夫共叔段〔一三三〕。

恭　《國語》："晋有太子申生謚曰恭，子孫以爲姓。"

翼　《漢書》有諫議大夫翼奉。

巷　《姓苑》云："巷伯之後。"

巷　音浮。異　並見《姓苑》。

暴　暴辛公之後。秦有將軍暴鳶。漢有繡衣使者暴勝之。後魏有暴顯。

朿　一百六十一棗附

朿　元城朿氏。漢太子太傅疏廣之後也。曾孫避王莽之亂，自東海徙居沙麓，因去足爲朿氏。晋有朿皙。

棗　潁川棗氏。《文士傳》云："棗據本姓棘，衛大夫棘子成之後，避仇改姓棗。"

棘　解在上。棗、棘二字本從朿，今附此。

甘　一百六十二

甘　《姓苑》："武丁師甘盤之後也。古有甘蠅，善射。"齊有甘德，明天文。秦相有甘羅、甘茂。漢有甘延壽。吴有甘寧。晋有甘卓。魏有方士甘始。

甘先○甘士〔一三四〕**○甘莊**　並見《姓書》。

其　一百六十三

其　《漢書·古今人表》有陽阿侯其石。

綦　後魏有將軍綦雋。

綦毋　《風俗通》："晋大夫綦毋張〔一三五〕。"北齊有綦毋懷文。唐有詩人綦毋潛。

綦連　北齊有綦連猛，其先姬姓，因避亂，居塞外祁連山，以山爲姓祁。本又音時，蕃人語訛，故号綦連，後爲大將軍猛，有本傳。

司　一百六十四

司　《左傳》有鄭大夫司臣。

司馬　河南司馬氏。出自高陽之子重、黎程伯休父也〔一三六〕。周宣王時爲司馬官，因而氏焉。楚漢時有趙將司馬昂。又有司馬穰苴，田氏。漢有司馬欣，司馬安，司馬相如，司馬季主，司馬喜、喜子談、談子遷，司馬彪。北齊有司馬子如。晋姓司馬氏。

司空〔一三七〕　《世本》云："士丐弟佗爲晋司空，因官爲氏。"唐末有侍郎司空圖隱華山〔一三八〕。

司國　《姓苑》："漢有朝議郎司國吉。"

司鴻　《風俗通》有諫議大夫司鴻□〔一三九〕。

司城　《左傳》："宋有司城子罕。"

司徒　《古今人表》有司徒□□□□□〔一四〇〕之交蕃維司徒是也。又有宋司徒皇父。

司寇○司功　□□〔一四一〕並見《姓苑》。

嗣　《姓苑》："衛嗣君之後，有嗣居。"

辟音壁。一百六十五

辟　《左傳》云："主辟壘者以爲氏。"解在"鋭"字下。漢有富人辟子方。

辟閭　《姓苑》："晋有寧州刺史樂安辟閭彬。"唐有司禮博士辟閭仁諝。

幽　一百六十六

幽　出《姓苑》。

豳　公劉之後也。

函　漢有豫章太守函熙。

函洽　《姓苑》："漢末有黄門侍郎函洽子覺。"

此　一百六十七

訾　《姓苑》云："本姓祭，後以不祥而改爲訾。"《漢·功臣表》有樓虚侯訾順。

柴　平陽柴氏。仲尼弟子高柴之後以爲氏。漢有柴武。唐有柴紹，尚高祖公主。《五代史》周世宗姓柴氏，堯山人。

紫　出《姓苑》。

瓜　一百六十八

瓜　見《姓苑》。

瓜田　《漢書·王莽傳》□〔一四二〕臨淮盗瓜田儀。

瓠　《淮南子》："瓠巴，善鼓琴。"

世　一百六十九

世　《左傳》魯大夫世鈞。鄭大夫世叔。漢有世寵，爲九江尉〔一四三〕。

暢　一百七十

暢　陳留《風俗傳》云："暢氏，與姜同姓，出於齊也。"唐有詩人暢當。

廟諱中六姓今皆自改焉

敬、殷、匡、胤、弘、恒。

一十七氏附別部

瓶○釋○甥○黎　丿部。彘○甗○乾　乚部。竪○韶　立部。丹○毒　毋部。囊　衣部。甫　十部。歸　巾部。麗　厂部。暨　一部。能　肉部。

校勘記

〔一〕《古逸叢書》本"渾"字前多一"王"字。

〔二〕據段本，"收"當作"牧"。

〔三〕叢書本《風俗通》無此條。

〔四〕“兗”,《古逸叢書》本作“充”，作“充”是。

〔五〕據段本,“猜”當作“倩”。

〔六〕據段本,《左傳》無此人。

〔七〕叢書本《風俗通》無此條。

〔八〕叢書本《風俗通》、校注本均無此條。

〔九〕《世本八種》孫馮翼集本、陳其榮增訂本有“太公叔穎”條。疑即此條所引誤。

〔一〇〕叢書本《風俗通》無此條。

〔一一〕據段本,《左傳》作“郟”,“夾”、“郟”古通。

〔一二〕《世本八種》王謨輯本“爲”後有“人”。

〔一三〕“偱”爲“循”之俗寫。

〔一四〕“寓”,《古逸叢書》本作“異”，作“異”是。但朱異爲南北朝時吴郡人，非三國吴人。

〔一五〕“偱”,《古逸叢書》本作“循”,“偱”爲“循”之俗寫。“朱齡石”見《南史》，爲宋人，非漢人。《古逸叢書》本“宇”作“異”,“異”是。朱異爲梁時吴郡人。

〔一六〕據段本,“射”下脱“姑”字。

〔一七〕據段本,“原思”“原憲”不可分爲二。

〔一八〕叢書本《風俗通》無此條。

〔一九〕叢書本《風俗通》無“慶禮”，有“慶祀”。

〔二〇〕“藉”當爲“籍”之訛。

〔二一〕“椽”當爲“掾”之訛。

〔二二〕“慶虎、慶寅”爲陳大夫，前應補“陳大夫”三字。段本亦持此説。

〔二三〕《周禮·秋官·司寇》載此作“掌除毒蠱”，此處“常”當爲“掌”之訛,“毒”後脱“蠱”。

〔二四〕《玉函山房輯佚》補編本《姓苑》“充”作“光”,“光”後多一“氏”字。

〔二五〕“宦”,《古逸叢書》本作“官”。按：史書有“庫傉官”氏,作“官”是。但今本《前燕録》無“庫傉官泥”。

〔二六〕“庖”爲職業名，非姓。段本亦持此説。

〔二七〕據段本，“僕”當作“濮”。

〔二八〕“已”，當作“以”。

〔二九〕“伎”，《古逸叢書》本作“佼”，作“佼”是。

〔三〇〕“《左傳》”，《古逸叢書》本作“《史記》”；“齊”，《古逸叢書》本作“晋”。按：作“《史記》”、“《晋》”是。

〔三一〕據段本，“屠岸”當爲複姓。

〔三二〕“恩”爲“忌”之訛。《古逸叢書》本正作“忌”。

〔三三〕據段本，“仲”後脱“玉”字。

〔三四〕叢書本《風俗通》無此條。

〔三五〕據段本，“掎”當作“柎”，“齊”當作“鄭”。“豎”爲身份，非姓。

〔三六〕據段本，“豎侯”非姓。

〔三七〕“祖”，《古逸叢書》本作“劉”，作“劉”是。

〔三八〕叢書本《風俗通》無此條。

〔三九〕《玉函山房輯佚》補編本《姓苑》“同”字後多一“姓”字。

〔四〇〕據段本，“宵”當作“霄”。

〔四一〕據段本，“無駭”爲展氏，“無”非姓。

〔四二〕據段本，“甲石甫”，《左傳》作“石甲父”。後《莊子》文實出郭注。

〔四三〕據段本，“申屠”當爲複姓，不應列於“申”姓下。

〔四四〕叢書本《風俗通》無此條。

〔四五〕據段本，“偃”當作“傳”。

〔四六〕《玉函山房輯佚》補編本《姓苑》“子”作“氏”。

〔四七〕叢書本《風俗通》無此條。

〔四八〕據段本，“干”當作“于”。

〔四九〕據段本，“秦”當作“晋”，“士會”“士季”不可分爲二人。“士成綺”，《姓纂》爲複姓。

〔五〇〕據段本,《左傳》無此人。

〔五一〕據段本,"彦"當作"産"。

〔五二〕據段本,"宋"當作"晋"。

〔五三〕據段本,"青翟"本姓"嚴"。

〔五四〕校注本"術數"作"數術",作"數術"是。

〔五五〕"平侯恩"當爲"平恩侯","侯恩"倒文。據段本,"史籀"不載於《左傳》。"平恩侯"名廣漢,非"許伯"。

〔五六〕《世本八種》孫馮翼集本"史朝"作"史晁"。

〔五七〕"龍",《古逸叢書》本作"弘",作"弘"是。

〔五八〕據段本,"赤"、"華"不可分爲二人,"輿"後脱"如"字。

〔五九〕據段本,"申"當爲"甲"。

〔六〇〕據段本,"叔"後脱"子"。

〔六一〕據段本,"伯"後脱"仲"。

〔六二〕"傳"前闕一"左"字,《古逸叢書》本正作"左傳"。

〔六三〕"祖"當作"後"。

〔六四〕《世本八種》未見此條。

〔六五〕叢書本《風俗通》無此條。

〔六六〕據段本,"泥"當作"鉏"。

〔六七〕據段本,"擣"當作"檮"。

〔六八〕《漢書》未載此人。《古逸叢書》本"今"作"令"。

〔六九〕叢書本《風俗通》無此條。

〔七〇〕據段本,"祈"當作"析"。

〔七一〕"特",《古逸叢書》本作"侍",作"侍"是。據段本,"向文盻"之"文"當爲"父","宋文公"當爲"宋桓公"。

〔七二〕"有武安君"前之有"有"疑當爲"又"。據段本,"殖貨"倒文。

〔七三〕叢書本《風俗通》無此條。

〔七四〕據段本,"免餘"本公孫氏,"免"不當爲姓。

〔七五〕"丘巨源"當爲齊人,應置於"梁丘遲"前。

〔七六〕叢書本《風俗通》無此條。校注本無“侍御史”三字。

〔七七〕《世本八種》孫馮翼集本“會”作“鄶”。

〔七八〕叢書本《風俗通》無此條。

〔七九〕《古逸叢書》本“比干”後多一“後”字。

〔八〇〕據段本，“己”當作“巴”。

〔八一〕“汜”當爲“氾”。

〔八二〕叢書本《風俗通》無此條。

〔八三〕據段本，“巴清婦”當爲“巴寡婦清”。

〔八四〕據段本，“無婁”當作“務婁”，“修胡”當作“瞀胡”。

〔八五〕據段本，後一“子”字爲衍文。

〔八六〕據段本，《左傳》無此人。

〔八七〕據段本，“舉”當作“攀”。

〔八八〕叢書本《風俗通》無此條。

〔八九〕據段本，“盂”當作“孟”。

〔九〇〕據段本，“侍”當作“有”，“溢”當作“謚”。

〔九一〕“格”，依叢書本《風俗通》當作“括”。

〔九二〕“五”爲“大”之訛。《古逸叢書》本、《玉函山房輯佚》補編本《姓苑》均作“大”。

〔九三〕據段本，“登足”，《廣韵》作“登定”，《華陽國志》作“鄧定”。

〔九四〕據段本，此爲杜注，非傳文。

〔九五〕段本認爲，“尋盧”爲“尊盧”之誤。

〔九六〕《古逸叢書》本“天”作“矢”，叢書本《風俗通》、校注本作“是”，作“矢”者是。

〔九七〕據段本，“燧”當作“遂”。

〔九八〕據段本，“丞相”後脱“史”字。

〔九九〕叢書本《風俗通》“相”作“太守”，校注本無此條。

〔一〇〇〕叢書本《風俗通》無此條。

〔一〇一〕校注本“仁”作“人”。

〔一〇二〕《玉函山房輯佚》補編本《姓苑》收有此條。

〔一〇三〕據段本，“句踐”之“句”不宜爲姓。

〔一〇四〕“顋”，《古逸叢書》本作“頴”。按：當爲“穎”之訛。

〔一〇五〕據段本，“骰蔑”、“骰明”實爲一人。

〔一〇六〕叢書本《風俗通》無此條。

〔一〇七〕叢書本《風俗通》無此條。

〔一〇八〕校注本“漢南”作“南陽”。

〔一〇九〕“季”，《古逸叢書》本作“晏”，作“晏”是。

〔一一〇〕《世本八種》秦嘉謨輯佚本收有此條。

〔一一一〕據段本，“北海”當作“北人”。“北海”不宜爲姓。

〔一一二〕據段本，“北官”當爲“北宮”之訛。

〔一一三〕“授”，《古逸叢書》本作“受”。按：“授”可通“受”，表接受。

〔一一四〕叢書本《風俗通》“由章”後多一“至”字，校注本列爲“由章氏”，引爲“由章至”。

〔一一五〕叢書本《風俗通》無此條。

〔一一六〕據段本，“魏顆”爲武子生，應置於“魏冉”前。

〔一一七〕“魏三公朗”實名爲王朗，爲魏時三公之一，非姓“魏”。

〔一一八〕“荆”後闕“州”字，《古逸叢書》本正作“荆州”。

〔一一九〕“刺”後闕“史”字，《古逸叢書》本正作“刺史”。

〔一二〇〕據段本，“醜、良”當爲“文醜”、“顔良”合稱，不應視“醜”爲姓。

〔一二一〕據段本，諸姓書均無“朝涉”之“朝”爲姓者。

〔一二二〕《古逸叢書》本、校注本“國”作“原”。叢書本《風俗通》無此條。

〔一二三〕“音”，《古逸叢書》本作“晋”，作“晋”是。

〔一二四〕據段本，“裴益”當作“伯益”。

〔一二五〕《古逸叢書》本“舉”前多一“文”字，作“文舉”爲是。

〔一二六〕據段本，“殖貨”倒文。